Jens Höh

Die schönsten Schlösser und Burgen

Ausflüge im Bergischen Land

Droste Verlag

Brücke zum Eingang von Wasserschloss Crottorf

Liebe Burgen- und Schlösserfreunde,

75 Ziele, davon 25 Schlösser und Burgen, und am Ende mehr als 3000 Kilometer mehr auf dem Zähler im Auto: Man kann sagen, dass ich die Umgebung meiner Heimatstadt Köln während der Arbeit an diesem Buch eingehend kennen – und vor allem schätzen – gelernt habe. Viele Ziele kannte ich nur dem Namen nach oder von meiner Arbeit als Journalist, nicht aber als schaulustiger Besucher. Sommer im Bergischen Land, das ist, wenn die Pfützen nicht mehr gefrieren, hatte ein Kollege gewitzelt, als ich im Juli 2014 einen neuen Arbeitsplatz mitten im Oberbergischen ansteuerte.

In der Tat, das Klima ist rauer, die Landschaft schroffer, der Forst dichter. Doch ist im Bergischen Land auch vieles grüner, ruhiger, ländlicher. Und mitten in diesem saftigen Grün wartet manches Kleinod auf seine Entdeckung. Damit meine ich nicht nur die Burgen und Schlösser, die oftmals von Vereinen mit viel Kraft und Ausdauer gepflegt werden, sondern auch die kleinen, reizvollen Museen in privater oder ehrenamtlicher Trägerschaft. Da sind etwa das Bergische Drehorgelmuseum in Marienheide, das Heimatmuseum in Bergneustadt, der Balkhauser Kotten in Solingen oder der Hof Tüschenbonnen im ohnehin gemütlichen Much, um gleich hier einige persönliche Empfehlungen auszusprechen. Abseits der großen, der bekannten Attraktionen bergen solche Orte herrliche Alternativen.

Ähnlich war es bei den Burgen und Schlössern: Hätte ich jemals das Schloss Georghausen in Lindlar besucht? Ich denke nicht. Oder die ebenfalls in Lindlar beheimateten Ruinen der Wasserburg Eibach und der Burg Neuenberg? Auch Ruinen können romantisch sein! Oder wäre ich Jahrzehnte nach der Grundschulzeit noch einmal zu den Karl-May-Aufführungen nach Elspe gefahren? Ich weiß es nicht …

Mein persönlicher Lieblingsort aber ist Schloss Homburg in Nümbrecht.

Ich hoffe, dass ich Sie mit den Touren einladen kann ins Bergische Land und Sie für die kleinen Sehenswürdigkeiten ebenso begeistern kann.

Ihr Jens Höhner

Beliebtes Fotomotiv:
Schloss Gimborn in Marienheide

Das Bergische Land – vom Herzogtum zur Ferienregion

Hinter Zugang 18, tief im Schatten des Altenberger Doms gelegen, führt ein Wanderweg schnurgerade in die Geschichte. Hier, in dem üppigen Waldgebiet der Gemeinde Odenthal, beginnt die Geschichte des Bergischen Landes. Auf den Ausläufern des Bülsbergs, oberhalb der Dhünnauen, steht die Ruine der Burg Berge. Ein Schild am rechten Wegesrand weist die Richtung, zwischen Büschen und Bäumen geht es ein paar Meter in den Forst hinein, bis sich im Grünen eine freie Fläche auftut. Erdwälle sind zu erkennen, Mauerstümpfe ragen aus dem Boden. Baumwurzeln haben die steinernen Reste fest im Griff, Moos säumt die alten Befestigungen – man braucht durchaus Fantasie, um sich an diesem Ort eine Festung vorzustellen. 1981 hat die Spurensuche begonnen, bei jenen Grabungen sind diese Relikte zum Vorschein gekommen und haben den Forschern Gewissheit gegeben, dass der Standort der Burg Berg endlich gefunden war. Heute steht er als Bodendenkmal unter Schutz.

Um das Jahr 1060 errichtet, war diese Burg Wohnsitz von Graf Adolf I. (1045–1106), der sich nach eben diesem Wohnort seinen Beinamen „de Monte“, also „vom Berg“, gegeben haben soll. Die Quellenlage zu seiner Person ist allerdings dürftig, eindeutige Forschungsergebnisse gibt es nicht. Allerdings soll Adolf I., offenbar ein Vogt des Stiftes Gerresheim, stets in guter Verbindung zum Kölner Erzbischof gestanden haben. Und diese Verbindung bewirkte den raschen Aufstieg jener Grafen, die am Ende als Herzöge über ein weitreichendes Herrschaftsgebiet verfügen konnten. Adolf II. (um 1090–1170), Sohn Adolfs I., aber gab die Burg Berge 1133 auf. Die Adelsfamilie von Berg zog in jenem Jahr auf die wesentlich größere Burg Neuenberg, die heute den Namen Schloss Burg oder „Schloss Burg an der Wupper" (siehe S. 44) trägt und auf dem Gebiet der Stadt Solingen steht. Die Burg Berge diente fortan als Steinbruch für jenes Kloster.

Dieses Schicksal teilen viele der Festungen im Bergischen Land, hart waren auch die Folgen des Dreißigjährigen Krieges (1618–1648) und natürlich der Pest: Zwischen 1347 und 1353 wütete der Schwarze Tod in Europa, löschte ganze Familien aus und ließ manchen Weiler menschenleer zurück.

Die Grafschaft Berg, das spätere Herzogtum Berg und zuletzt das Großherzogtum Berg mit Düsseldorf als letzter Residenz überdauerte solche Krisen und Katastrophen. Es wuchs, schluckte andere Herzogtümer und erreichte um 1800 schließlich eine geschätzte Größe von fast 3000 Quadratkilometern. Im Westen und Süden war jeweils der Rhein die grobe Grenze, im Norden die Ruhr und im Osten die Grafschaft Mark, die damals in Höhe der heutigen Stadt Waldbröl begann. Neben Burg Berge und Schloss Burg kamen den Burgen Bensberg (siehe S. 112), Denklingen (siehe S. 164), Blankenberg (siehe S. 184) und Windeck (siehe S. 178) herausragende Stellungen in diesem Geflecht zu.

Wer aber heute vom Bergischen Land spricht, setzt engere Grenzen. In Nordrhein-Westfalen gelegen, umfasst das Bergische Land die Städte Solingen, Remscheid und Wuppertal (auch genannt „Die bergischen Drei"), die Kreise Rhein-Berg, Oberberg und Mettmann, die Stadt Leverkusen und Teile des Rhein-Sieg-Kreises. Auf einer Fläche von mehr als 2000 Quadratkilometern erstreckt sich zudem der Naturpark Bergisches Land. Und seit Jahren verzeichnen die Gastgeber in ihren Hotels und anderen Herbergen steigende Gästezahlen.

Denn heute ist das Bergische Land auch eine Urlaubs- und Ausflugsregion, die sich wachsender Beliebtheit erfreut und die thematisch ausgerichtete Wanderstrecken durchziehen, sei es der „Grafen- und Mönchsweg" (Odenthal), der „Feuer- und Flamme-Weg" (Bergneustadt), der „Bierweg" (Wiehl) oder der „Klangpfad" (Nümbrecht) sowie die „Bergischen Streifzüge" überhaupt, zurzeit sind es 24 Touren und Themenrouten durch das Bergische (Stand 2015). Mit einer Strecke von fast 260 Kilometern und mit 13 Etappen verbindet der „Bergische Weg" das Ruhrgebiet mit dem Siebengebirge.

Die früheren Festungen haben sich zumeist zu Schlössern entwickelt und erleben die unterschiedlichsten Nutzungen zwischen Golfklub und Seniorenresidenz. Viele sind auch bewohnt, bisweilen noch von den Familien aus der Zeit des bergischen Adels.

01 Schloss Hardenberg

Adresse
Schloss Hardenberg
Zum Hardenberger Schloss 4,
42553 Velbert,
Tel. (0 20 51) 95 04-0,
ganzjährig geöffnet, Eintritt frei
> **www.schloss-hardenberg.de**

Anfahrt PKW
A 535, AS 3 Tönisheide, Richtung Tönisheide/Langenberg, rechts auf Kuhlendahler Straße Richtung Hattingen/Velbert-Langenberg/Velbert-Neviges, dann rechts auf Bernsaustraße, rechts auf Straße Zum Hardenberger Schloss, Beschilderung zum Schloss Hardenberg folgen; Parkplatz am Schlossgelände (GPS 51.316097, 7.086528), etwa 100 Meter Fußweg

Anfahrt ÖPNV
Ab Wuppertal Hbf. (Ohligsmühle), Bus 647 bis Schloss Hardenberg, 200 Meter Fußweg, bzw. ab Wuppertal Hbf. (Ohligsmühle) oder Haltern am See Bhf., S-Bahn 9 bis Velbert-Neviges, 750 Meter Fußweg

Essen + Trinken
Bistro und Café Plan C
Tel. (01 73) 7 49 00 85,
Fr.–So. 13–20 Uhr

Außerdem sehenswert:

1 Mariendom Neviges S. 12
2 Bücherstadt Langenberg S. 1

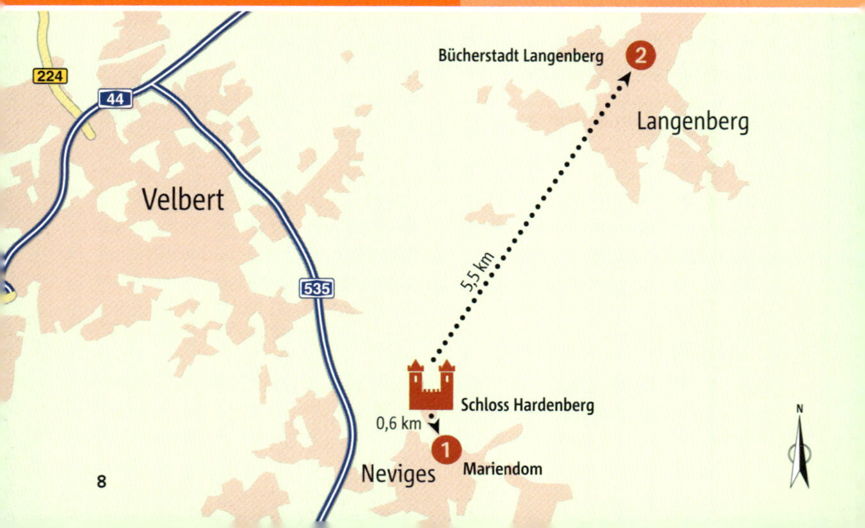

Die freigelegten Kasematten
Graben in der Vergangenheit

Haupthaus von Schloss Hardenberg

Schloss Hardenberg

Geschichte

Besitzer von Schloss Hardenberg waren seit dem Jahr 1806 die Freiherren von Wendt. Friedrich Wilhelm von Wendt erhielt 1808 – in der Zeit der französischen Herrschaft über das Rheinland und das Großherzogtum Berg (1794–1814) – das Amt des ersten Bürgermeisters des Verwaltungsbezirks, der Mairie Hardenberg. Dieses gab er aber nach kurzer Zeit wieder auf. 1811 verließen die Freiherren das Schloss Hardenberg, das fortan als Sommerfrische an Gäste vermietet wurde.

1908 pachtete ein Gastwirt das Gebäude und eröffnete eine Herberge mit Biergarten und Bootsverleih. Mit den niederländischen Grafen von Marchant-Ansembourg hatte die Anlage damals bereits den fünften Besitzerwechsel erlebt. 1939 verkaufte Graf Wladimir von Marchant-Ansembourg das Schloss an die zu jener Zeit eigenständige Stadt Neviges. Seine Nutzung wechselte danach häufig: Einem Postscheckamt im Zweiten Weltkrieg folgte 1949 ein Wohnheim für vertriebene Jugendliche und später für Lehrlinge in der Trägerschaft der Deutschen Pfadfinderschaft Sankt Georg.

1964 wurde eine umfangreiche Sanierung vorgenommen, und die Nevigeser Verwaltung richtete sich den Rittersaal als Sitzungsraum für den Stadtrat ein. Die Vorburg wurde zwischen 1932 und 1958 dagegen als Bauernhof genutzt, der nach einem weiteren Verkauf von Ländereien durch die Grafen von Marchant-Ansembourg ebenfalls in städtischen Besitz überging.

Anlage

Nach umfangreicher Sanierung ab den 1980er-Jahren durch die Stadt Velbert ist das Schlossgelände seit 2014 für Schaulustige zugänglich. Erhalten sind die Vorburg und das Haupthaus, das wegen fehlender Mittel bisher nicht restauriert werden konnte. Eine schmale Brücke führt zur (verschlossenen) Eingangstür. Ebenfalls erhalten sind alle vier Wehrtürme, die durch unterirdische Gänge verbunden waren. Ab dem Frühjahr 2016 sollen diese Kasematten freigelegt und begehbar sein. Die Kosten für das Vorhaben werden auf rund 1,5 Millionen Euro geschätzt.

Tipps + Termine

Die Velberter Kultur- und Veranstaltungs-GmbH und der örtliche Förderverein organisieren eine Vielzahl von Veranstaltungen, dazu gehören der **Mittelaltermarkt der Marktgilde zu Hardenberg,** der immer an vier Tagen ab Fronleichnam stattfindet, und der **Historische Weihnachtsmarkt** am ersten Adventswochenende. **Gartentage** (September) und der **Laternenzauber** (November) stehen ebenso im Kalender.

> **www.kvv-velbert.de**

Heutige Nutzung

Die Schlossanlage ist im Besitz der Stadt Velbert, bewirtschaftet wird sie von der städtischen Kultur- und Veranstaltungs-GmbH. Dem Verein der Freunde und Förderer des Kulturensembles Schloss Hardenberg obliegt derweil die Pflege der weitläufigen Grünanlage mit Wiesen, einem Teich und einem Abenteuerspielplatz. Eine Minigolfanlage und ein Kiosk befinden sich ebenfalls auf dem Gelände. Die vier Wehrtürme hat die Stadtverwaltung an Träger im Bereich der Kinder- und Jugendarbeit vergeben. Sie sind daher nicht zugänglich.

Gepflegte Grünanlagen im Schlosspark

Mariendom zu Neviges

Kunst + Kultur

Mariendom Neviges, Elberfelder Straße 12, 42553 Velbert, Tel. (0 20 53) 9 31 80, Mo.–Sa. 6.30–19, So. 9–19 Uhr, Führungen täglich ab 10 und 16 Uhr > **www.mariendom.de**

Essen + Trinken

Bergischer Hof, Elberfelder Straße 9, 42553 Velbert, Tel. (0 20 53) 8 49 95 74, Di.– Sa. 9.30–18.30, So. 10–18.30 Uhr

1 Mariendom Neviges

(700 m von Schloss Hardenberg)

Wie ein hingeworfenes Tuch ruht der **Mariendom** über der **Altstadt von Neviges.** Tatsächlich aber hat die **Wallfahrtskirche Maria Königin des Friedens** auf dem Hardenberg, wie der Dom eigentlich heißt, die Gestalt eines Kristalls – die höchste Spitze liegt bei **34 Metern.** Da sie ein **Pilgerziel** ist, kann ihre Gestalt auch als Zelt verstanden werden. Rund 200.000 Gläubige besuchen den Mariendom jährlich. Erbaut wurde er 1968 nach Plänen des Architekten **Professor Gottfried Böhm** aus Köln. Nach Angaben der Stadt Velbert ist der Mariendom nach dem Kölner Dom das größte Kirchenbauwerk nördlich der Alpen. Mehr als **6000 Menschen** finden dort Platz.

Als Wallfahrtsort ist Neviges seit dem Jahr 1676 belegt, als dem **Franziskanerbruder Antonius Schirley** aus Dorsten beim Beten die Muttergottes erschienen sein soll, zudem habe er diese Worte vernommen: „Bring‘ mich nach dem Hardenberg, da will ich verehret sein!“ 1688 erfolgte die offizielle Anerkennung als Pilgerort.

Buchbinder Michael Rönsberg bei der Arbeit

Info

Bücherstadt Langenberg, Touristen-Information und Zwei-Zimmer-Museum, Hellerstraße 11/12, 42555 Velbert, Tel. (0 20 52) 92 57 14, Di., Do., Fr., Sa./So. 11–17, Mi. 11–13 Uhr, Eintritt frei
Stadtführung: Tel. (01 76) 83 07 31 71, ➤ **www.buecherstadt-langenberg.de**

1 Bücherstadt Langenberg

(4,7 km von Schloss Hardenberg)

Der einstmals reichen **Kleinstadt Langenberg** drohte der wirtschaftliche Absturz. Eine Idee, die zunächst Leben in leere Läden bringen sollte, hat sich längst verselbständigt: die **Bücherstadt.** Steht ein Geschäft leer, so greift der im Jahr 2000 gegründete Förderverein zu, macht sauber, renoviert, füllt Regale. Und zwar mit Büchern. Ein solches **Antiquariat** bleibt so lange, bis sich ein neuer Unternehmer findet. „Ein Vorbild fanden wir in Wales, in **Hay-on-Wye“,** erinnert Vorsitzende **Isolde Marx** an die weltweit erste Bücherstadt von 1961. In Langenberg bedeutet Papier Tradition: Rund um den **Fachwerkort,** der heute etwa 15.500 Einwohner zählt, standen früher etliche **Papiermühlen.** Marx bietet Rundgänge an, die auch in die Werkstatt von **Buchbinder Michael Rönsberg** und in ein **Zwei-Zimmer-Museum** führen: Auf wenigen Quadratmetern dreht sich dort alles um **Goethe und Ginkgo,** also die Leidenschaft des deutschen Dichters für den Baum aus Asien. Zudem gibt es kuriose und skurrile Goethe-Devotionalien. Der andere Raum bewahrt seltene Werke von **Dante,** das älteste ist von 1457. Büchermärkte in den Gassen Langenbergs, stets im Mai und September, gehören zu den weiteren Aktivitäten rund um das gedruckte Wort.

02 Burg Altena

Adresse
Burg Altena
Fritz-Thomée-Straße 80, 58762 Altena, Tel. (0 23 52) 9 66 70 34, Di.–Fr. 9.30–17, Sa./So. 11–18 Uhr, 5 €, ➤ **www.burg-altena.de**

Erlebnisaufzug
Lennestraße 45 (Fußgängerzone), 58762 Altena, Tel. (0 23 52) 5 48 98 97, Di.–Fr. 9–18.30, Sa. 11–19, So. 11–18 Uhr, 4,80 €
➤ **www.erlebnisaufzug.de**

Anfahrt PKW
A 45, AS 14 Lüdenscheid Richtung Werdohl, links auf Brunscheider Straße, im Kreisverkehr auf Hemecker Weg (L 694), rechts auf Rahmedestraße, Lüdenscheider Straße, rechts auf Bahnhofstraße (B 236), an Kreuzung Bornstraße/Lenneuferstraße wenden und auf Parkplatz Langer Kamp fahren; A 46, AS 46 Iserlohn-Oestrich über B 236 Richtung Altena, im Kreisverkehr auf Bahnhofstraße (B 236), an Kreuzung Bornstraße/Lenneuferstraße wenden und auf Parkplatz Langer Kamp fahren; Parkplatz Langer Kamp (GPS 51.291999, 7.672550), etwa 900 Meter Fußweg zum Erlebnisaufzug, etwa 800 Meter steiler Fußweg zur Burg Altena

Anfahrt ÖPNV
Ab Hagen bzw. Siegen RB 91 oder RE 16 bis Bf. Altena, etwa 1,1 Kilometer Fußweg zur Burg Altena

Essen + Trinken
Restaurant Burg Altena
Tel. (0 23 52) 28 84,
Di.–Sa. 12–21, So. 12–18 Uhr
➤ **www.restaurant-burg-altena.de**

Außerdem sehenswert:

1 Deutsches Drahtmuseum S. 20
2 Burg Holtzbrinck S. 21

Hoch über Altena: Die mächtige Burganlage

Mit dem Fahrstuhl ins Mittelalter

Heute Museum: Der Schlafsaal der früheren Jugendherberge

Durch viele Tore führt der Weg zum Burghof.

Der neue Palas der Burg

Burg Altena

Geschichte

In Erscheinung tritt die Festung vor allem im 14. Jahrhundert, als die Fehden zwischen den Grafen und den Bischöfen eskalierten. 1323 etwa nahm Graf Engelbert II. (1308–1328) Bischof Ludwig II. gefangen und ließ ihn auf die Burg Altena bringen. Dort verbrachte der Geistliche mehr Zeit, als ihm lieb war, konnte er das geforderte Lösegeld doch nicht gleich aufbringen. Am 20. Dezember 1367 dann erlaubte Graf Engelbert III. der florierenden Siedlung zu Füßen des Burgbergs die Selbstverwaltung. 1392 wurde Altena zum Sitz des Amtmanns erklärt. Damit hatte die Burg den Status eines Stammsitzes endgültig verloren. Die Grafen von der Mark erwiesen sich als geschickt darin, Hochzeiten zu arrangieren und damit die eigene Herrschaft zu vergrößern. In jener Expansionspolitik spielte Altena aber keine Rolle mehr, auch aus strategischer Sicht war die Burg nicht mehr wichtig. 1455 wütete dort ein Feuer, die Amtsleute setzten sie danach nur notdürftig instand.

1842 machte man sie dem zwei Jahre zuvor inthronisierten Preußenkönig Friedrich Wilhelm IV. zum Geschenk. Gern nahm er es an und verfügte, dass die Festung als Geschichtsdenkmal zu schützen sei. Die Idee, das Gemäuer vor dem anhaltenden Verfall zu bewahren und wiederzubeleben, scheiterte indes, weil die Ausbauarbeiten anderer Burgen am Mittelrhein zu viel Geld verschlangen und Spendenaufrufe für

Leuchter im neuen Palas

Tipps + Termine

„Altena erlebt das Mittelalter“ heißt es immer am ersten Augustwochenende auf der Burg, während am ersten Adventswochenende das **„Weihnachtsspectaculum“** steigt. Feste Termine sind überdies die Hexennacht (30. April) und die **Puppentheater-Tage** in der ersten Novemberwoche. An vielen Sonntagen gibt es zudem mit dem **„Zeitsprung“** einen Aktionstag zu einem speziellen Thema aus dem Mittelalter.

Altena bei den Sauerländern ungehört verhallten. Stattdessen durfte der Johanniterorden 1856 in den Mauern ein Krankenhaus einrichten, ohne dass dafür Miete gefordert wurde.

1906, nach der Schließung des Hospitals, fruchtete endlich die Idee der Restaurierung: Anlass war die 300-jährige Zugehörigkeit der Grafschaft Mark zu Preußen, die gefeiert werden sollte. Auf Initiative des Landrats Fritz Thomée wurde im Frühjahr der Märkische Burgverein gegründet mit dem Ziel des Wiederaufbaus. Tatsächlich wurde das Bauwerk bis 1914 in weiten Teilen erneuert.

In demselben Jahr war es zudem Richard Schirrmann, der Gründer des Deutschen Jugendherbergswerks, der in der Burg eine ständige Jugendherberge einrichtete. 1907 hatte Schirrmann in einer Schule zuvor die weltweit erste Herberge dieser Art gegründet. 1918 war dann auch die letzte Instandsetzung beendet.

1943 ging die Anlage in den Besitz des damaligen Landkreises Altena über, der 1975 wiederum durch die kommunale Neugliederung im Märkischen Kreis aufging.

Anlage

Wer nicht den steilen Burgberg hinaufschnaufen möchte, der steigt seit April 2014 in den Erlebnisaufzug. In etwas mehr als einer halben Minute eilt dieser 80 Meter hinauf und mitten hinein ins Mittelalter. Doch nicht nur das: Auf einem Fußweg von knapp 90 Metern geht es zunächst tief ins Grauwackegestein, leuchtende Portale weisen den Weg in die Vergangenheit, den Geschichten aus der Geschichte säumen. An Hörknubbeln lauschen die Besucher zum Beispiel der Sage um Zwerg Alberich, der bei Hemer ein zerklüftetes Felsenmeer entstehen ließ. Rund 7 Millionen Euro hat sich die Stadt Altena diesen neuen Zugang kosten lassen, der in den inneren Burghof führt.

Stattliche 190 Meter misst die Burganlage in der Länge, 40 Meter sind es in der Breite. Ihre heutige Gestalt verdankt die Festung vor allem dem Wiederaufbau in den Jahren zwischen 1907 und 1915. Dabei wurde der mittelalterliche Bestand erhalten. Nicht-Aufzugfahrer betreten Burg Altena heute durch zwei Tore im Süden, die Friedrichs- und die Dorotheenpforte. Zwei Burghöfe gibt es, ein Torhaus birgt den Zugang zum unteren Hof. Ein Kommandantenhaus bildet mit einem weiteren Tor den Eingang zum oberen Hof und damit ins Innerste der Anlage. Auf einer ehemals offenen Kanonenplattform wurde das Haus der Jugendherberge errichtet, seit 1965 sind die Herbergssäle ein Museum. Teile der Ringmauer, Mauerstücke im Kellergeschoss des Alten Palas' und der hufeisenförmige Bergfried, im Volksmund „Dicker Turm" genannt, mit dem Verlies sind heute die ältesten Teile von Burg Altena.

Heutige Nutzung

Im Sommer 2000 wurden die früheren Ausstellungen unter dem Dach der „Museen Burg Altena" und mit einem neuen Konzept zusammengebracht. Diese zeigen die Exponate des Museums der Grafschaft Mark und des Museums Weltjugendherberge, aufbereitet wird die Historie der Festung ebenso wie die der Region und des Sauerlands insgesamt. Auch das Märkische Schmiedemuseum und das Deutsche Wandermuseum haben dort ihren Platz gefunden. Besondere Beachtung verdient Raum 14, in dem Kerbhölzer lagern, Löffel hängen oder Lunten baumeln: Solche Exponate erklären manche Redensart bildhaft.

Unter den vielen Nutzern des inneren Burghofs ist die Interessengemeinschaft „Traditionelles Gautschfest Hagen und Sauerland", die angehende Gesellen aus der Zunft der Medientechnologen (früher Drucker) und Mediengestalter mit einem besonderen Spektakel von ihren Verfehlungen während der Lehrzeit reinwäscht und geläutert ins Berufsleben entlässt. Das Gautschfest steigt immer im Juni auf dem Burghof. Mehr als 145.000 Schaulustige strömen nach Angaben des Märkischen Kreises im Jahr über das Festungsgelände und ins Deutsche Drahtmuseum.

Blick in die Drahtzieherwerkstatt

Kunst + Kultur
Deutsches Drahtmuseum
Fritz-Thomée-Straße 80, 58762 Altena, Tel. (0 23 52) 9 66 70 33, Di.–Fr. 9.30–17, Sa./So. 11–18 Uhr
› www.maerkischer-kreis.de

Essen + Trinken
Haus Pilling
Nettestraße 18, 58762 Altena, Tel. (0 23 52) 2 45 59, Di.–Sa. ab 16 Uhr **› www.hauspilling.homepage.t-online.de**

1 Deutsches Drahtmuseum

(400 m von Burg Altena)

Grau, unscheinbar und doch unverzichtbar: Wer dem Draht bisher nichts Spannendes abgewinnen konnte und allein an Maschendraht oder Stacheldrahtzäune dachte, der wird im 1965 gegründeten **Deutschen Drahtmuseum** eines Besseren belehrt. Denn ob weltbekannte **Hängebrücke, Seilbahngondel** oder auch nur die **Klammer am Teebeutel:** Das jahrhundertealte Eisenprodukt ist aus der Zivilisation nicht wegzudenken. Die Schau mit **vielen Ausprobierstationen** führt die Geschichte der Drahtzieherei und den Aufstieg Altenas zum Monopolzentrum dieses Gewerks vor, und zwar **vom Kettenhemd bis zum Supraleiter.** Dabei waren die Drahtzieher aus dem märkischen Sauerland in ihrem Beruf so gefragt, dass es ihnen im Mittelalter unter Androhung horrender Strafen verboten war, ihren Heimatort zu verlassen. Im Jahr 1725 gab es in der Kleinstadt und den umliegenden Orten 101 Betriebe, die fast 390 Drahtzüge in Bewegung hielten.

Die Ausstellung widmet sich nicht nur der Technik der Drahterzeugung und ihrem Wandel, sondern auch den vielen Einsatzgebieten von Draht sowie dem **Einfluss auf die Sprache.** Man erfährt zum Beispiel, warum mancher Mensch **Nerven wie Drahtseile** hat oder warum manches waghalsige Vorhaben einem **Drahtseilakt** gleicht. Denn immer wieder gab es in der Produktion tödliche Unfälle. **Wechselausstellungen** rund um die dünne Eisenware greifen das Thema weiter auf.

2 Burg Holtzbrinck

(500 m von Burg Altena)

Burg Holtzbrinck, 1643 erstmals urkundlich bei ihrem Kauf durch **Rentmeister Georg Holtzbrinck** erwähnt, liegt heute an der **Fußgängerzone Altenas.** Die hölzerne Tür zum Haupthaus im **vorderen Burghof** gilt als schönste der Stadt, allerdings öffnet sie sich nur für die Teilnehmer von Stadtführungen, die dann auch den einzigen noch historischen Raum im ältesten Bürgerhaus Altenas betreten dürfen. Ansonsten stehen der Hof und der **rückwärtige Rokokogarten** jederzeit offen. 1972 kaufte die Stadt Altena das wohl schon im 16. Jahrhundert errichtete Haus, das den Namen „Burg" seiner Bauweise verdankt. Heute ist es eine Begegnungsstätte, es gibt Räume für Versammlungen ebenso wie ein Trauzimmer. **Stephan Johann,** Sohn Georg Holtzbrincks, gab dem Familiensitz zwischen 1673 und 1689 durch großzügige Umbauten seine heutige Gestalt, auch die **„alte Treppe"** im einzigen historischen Raum entstand in dieser Zeit. Die in der Politik stark engagierten Herren von Holtzbrinck hatten lange Zeit unter anderem das Amt des Landrats von Altena inne.

Info
Burg Holtzbrinck
Kirchstraße 20, 58762 Altena,
Tel. (0 23 52) 2 28 58
➤ **www.altena.de/Burg-Holtzbrinck.705.0.html**

Burg Holzbrinck mit jederzeit offenem Rokokogarten

03 Schloss Lüntenbeck

Adresse
Schloss Lüntenbeck
Lüntenbeck 1, 42327 Wuppertal,
Tel. (02 02) 2 98 76 87,
ganzjährig geöffnet, Eintritt frei
> **www.schloss-luentenbeck.de**

Anfahrt PKW
A 46, dann A 535 bis AS 5 Wuppertal-Dornap, dann rechts, an der Ampel wieder rechts in Lüntenbecker Weg, dem Straßenverlauf bergab durch ein kleines Wäldchen folgen an zwei Teichen vorbei, Schloss liegt hinter nächster Kurve; Parkplatz auf der linken Seite (GPS 51.250333, 7.084403)

Anfahrt ÖPNV
Ab Wuppertal Hbf. mit Bus 601 oder 611 bis Schliepershäuschen, 1,1 Kilometer Fußweg, oder ab Wuppertal Hbf. mit S-Bahn 8 bis Wuppertal-Sonnborn S 8, dann Bus 629 bis Schloss Lüntenbeck. Buslinie verkehrt an Sonn- und Feiertagen nur als Anrufsammeltaxi, Anmeldung unter Tel. (02 02) 75 00 30, etwa 200 Meter Fußweg

Essen + Trinken
Pilkens im Schloss
Tel. (02 02) 26 47 71 00,
Mi.–So. 12–23 Uhr
> **www.pilkens-im-schloss.de**

Außerdem sehenswert:

① Deutsches Klingenmuseum S. 26 ② Barmer Anlagen S. 27

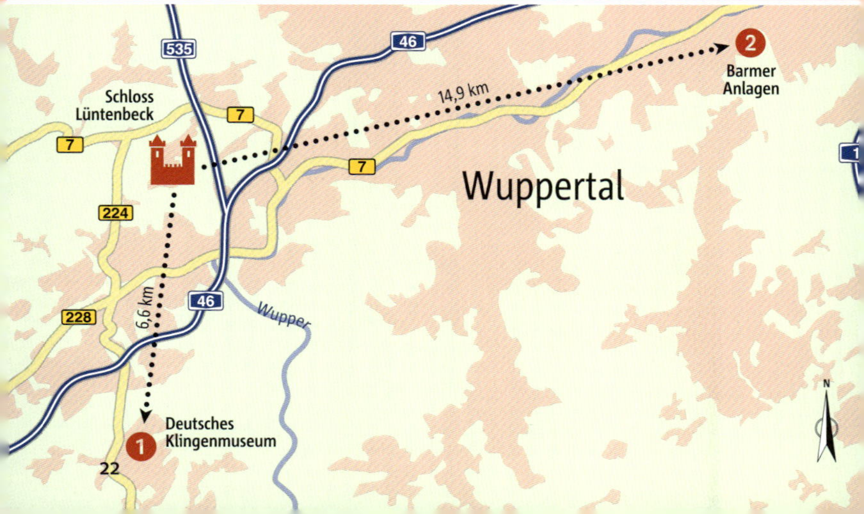

Marktplatz in mittelalterlichen Mauern

Innenhof von Schloss Lüntenbeck

Das frühere Mühlenhaus

Schloss Lüntenbeck

Geschichte

Spärlich ist das Wissen über die Entstehung des Rittersitzes Lüntenbeck, der im Jahr 1217 als Tafelgut des Sonnborner Stifts für adlige Damen in Gerresheim seine erste urkundliche Erwähnung fand. Aus der Zeit des ausgehenden Hochmittelalters stammt wohl das massive Kellergewölbe unter dem Herrenhaus mit angebautem Turm – dieses könnte damit der älteste Teil der von drei Teichen umgebenen Anlage sein. Aus einem Urbar, dessen Niederschrift auf die Zeit zwischen 1218 und 1231 datiert wird, geht hervor, dass Lüntenbeck Teil eines größeren Hofverbands mit 18 Gütern war und den Vögten als Wohnsitz diente. Diese hatten auch die Gerichtsgewalt inne. Im 16. Jahrhundert war es dann eines von zwölf Rittergütern im Amt Solingen und damit dem Herzogtum Berg zugehörig.

Tipps + Termine

Auf der Anlage finden mehrtägige Märkte statt, zum Beispiel der Markt in der **Weihnachtszeit** (an zwei Adventswochenenden), der „Markt für Gartenkultur, Lebensart und Auserlesenes" mit dem Namen **„Stilblüte"** im Frühjahr und die **„Tuchfühlung"**, ein Markt für Mode und Stoffe im Mai.

Die Loslösung vom Kloster war zu jener Zeit längst erfolgt, wurde Lüntenbeck doch seit 1427 bereits verpachtet. Von 1467 bis 1528 stand das Gut unter der Herrschaft der westfälischen Adelsfamilie von Mallinckrodt, danach fiel es an den Freiherrn Wilhelm von dem Bottlenberg-Schirp und damit erneut an eine Familie aus dem bergischen Adel. Diese führte Lüntenbeck bis 1784 und nahm etliche Umbauten vor. Mit dem Aussterben der Familie von dem Bottlenberg ging die Anlage in bürgerlichen Besitz über: 1792 kaufte Johann Plücker das Anwesen. Er war Bürgermeister von Elberfeld und nannte den Rittersitz fortan „Schloss". Danach hatte Schloss Lüntenbeck etliche Besitzer und diente zumeist als Bauernhof, auch eine Brennerei wurde eingerichtet. Ein Feuer im Jahr 1825 zerstörte die Vorburg nahezu völlig, doch wurde diese wiederaufgebaut.

1904 kaufte die damalige Stadt Elberfeld das Gelände. 1971 kam es erneut in Privatbesitz.

Anlage

Besucher betreten die 1,5 Hektar große Anlage heute zumeist durch ein Steintor jüngeren Datums. Zur Linken steht eine Scheune, die nach dem Brand von 1825 gebaut wurde. Das Schloss steht dem Eingang genau gegenüber, sein heutiges Aussehen datieren die Eigentümer auf die Zeit um 1630. Seit dem Jahr 2009 und einem längeren Leerstand ist dort ein Restaurant untergebracht. Der Mühlenturm und das Fachwerkhaus, vermutlich als Verwaltungssitz gedacht, wurden nach dem Dreißigjährigen Krieg gebaut. Auf der rechten Seite des Eingangs steht der Weiße Trakt von 1906, das wohl jüngste Gebäude. Daneben ist ein früherer Stall, in dem heute die Gutsverwaltung ihr Büro hat.

Im Rücken des Haupthauses steht geduckt noch ein Gesinde- und Backhaus, an dem es einen zweiten und deutlich unscheinbareren Eingang zu der Anlage gibt.

Heutige Nutzung

Schloss Lüntenbeck ist das Lebenswerk des Wuppertaler Unternehmers Johannes Dinnebier, der die Anlage 1971 zunächst als Pächter übernommen hatte. Der Lichtgestalter suchte einen neuen Standort für sein 1965 gegründetes Unternehmen, die Dinnebier Licht GmbH, und sanierte Schloss Lüntenberg, das zu jener Zeit stark verfallen und kaum mehr als eine Ruine war, von Grund auf. In den heute sieben Gebäuden sind Handel, Handwerk und andere Existenzen untergebracht, darunter ein Weingeschäft, eine Arztpraxis, das Atelier einer Fotografin, ein Yoga-Studio ebenso wie ein Ofenbauerbetrieb, eine Musikschule sowie eine Maler- und Bildhauerwerkstatt. 17 Nutzer sind es insgesamt, darunter auch die Dinnebier Leuchtenmanufaktur. Die Familie führt zudem die Verwaltungs-GmbH des Schlosses. Ziel ist es seit Beginn, kein Museum zu schaffen, sondern den Erhalt als Baudenkmal zu gewährleisten.

Kunst + Kultur
Deutsches Klingenmuseum
Klosterhof 4, 42653 Solingen,
Tel. (02 12) 25 83 60, Di.–Do.,
Sa./So. 10–17, Fr. 14 –17 Uhr
➤ www.klingenmuseum.de

Essen + Trinken
Kaffeehaus
Gräfrather Markt 7, 42653 Solingen, Tel. (02 12) 59 33 22,
tägl. ab 10 Uhr
➤ **www.kaffeehaus-solingen.de**

1 Deutsches Klingenmuseum

(6,6 km von Schloss Lüntenbeck)

Nicht nur um des Messers Schneide geht es im **Deutschen Klingenmuseum,** das im Solinger Fachwerkviertel Gräfrath zu finden ist. **Schwerter, Degen und Dolche,** überhaupt **Waffen** aus aller Welt sowie **Küchengeräte** aller Art und aus den unterschiedlichsten Jahrhunderten sind in den hellen Räumen zu sehen. Den weltberühmten **Solinger Klingen** kommt natürlich eine Sonderstellung zu, auch werden die Herstellung hochwertiger Schneideflächen und der Wandel in der Produktionstechnik dargestellt. Ein Shop am Eingang bietet zudem ein großes Angebot an scharfer Ware.

Einen festen Platz im Veranstaltungskalender hat die **„Messer-Macher-Messe“,** bei der rund 100 weltbekannte Hersteller handfertiger Schneidewaren aus fast 20 Ländern vertreten sind.

2 Barmer Anlagen

(5 km von Schloss Lüntenbeck)

Wuppertals grüne Lunge liegt mitten in Barmen. Mit einer Fläche von mehr als 100 Hektar gelten die **Barmer Anlagen** als der zweitgrößte privat geführte, aber öffentlich zugängliche Erholungspark Deutschlands. Größer ist nur der Bürgerpark in Bremen, der mehr als 200 Hektar hat. Hüter

Dicke-Ibach-Treppen

des grünen Paradieses in der Schwebebahnstadt mit Wäldern, Wiesen und Gewässern ist der **Verschönerungsverein Barmen von 1864.** Für die Gestaltung der Parkanlage war der königliche Gartenbaudirektor **Joseph Clemens Weyhe** (1807–1871) verantwortlich.

Auch kamen immer mehr Denkmäler und kunstvolle Bauwerke hinzu, der fast 27 Meter hohe **Toelleturm** mit seiner Aussichtsplattform (1888) und die Dicke-Ibach-Treppe (1897) sind nur zwei davon. Tatkräftiger Förderer des Erholungsgebiets war der Barmer Industrielle **Adolf Vorwerk** (1853–1925), der sich auch als Stadtplaner engagierte.

Info

Barmer Anlagen

Untere Lichtenplatzer Straße/
Obere Lichtenplatzer Straße 84,
42289 Wuppertal,Tel. (02 02)
55 79 27, Veranstaltungskalender
im Internet

➤ **www.barmer-anlagen.de**

04 Haus Bürgel

Adresse
Haus Bürgel
Urdenbacher Weg,
40789 Monheim am Rhein,
Tel. (0 21 73) 9 51 89 30,
ganzjährig geöffnet, Eintritt frei
➤ **www.hausbuergel.de**

Römisches Museum:
So. 14.30–17 Uhr, 3 €

Anfahrt PKW
A 59, AS 24 Langenfeld/Richrath, dann in Richtung Baumberg, zweiter Kreisverkehr, erste Abfahrt in die Hauptstraße, dann der Straße folgen, weiter auf Urdenbacher Weg und Beschilderung folgen; begrenzte Parkmöglichkeiten am Haus (GPS 51.129714, 6.872516)

Anfahrt ÖPNV
Ab Düsseldorf-Benrath Bhf., Bus 788, bis Haus Bürgel, 200 Meter Fußweg

Außerdem sehenswert:

1 Urdenbacher Kämpe S. 34
2 Piwipper Böötchen S. 35

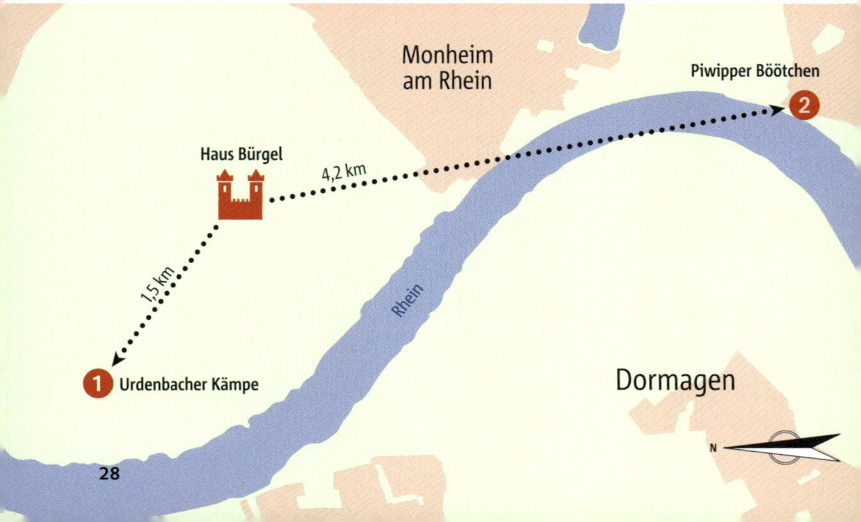

Als der Rhein seinen Kurs änderte

Haus Bürgel mit dem markantem Turm

Wilder Mohn in der Urdenbacher Kämpe

Haus Bürgel

Geschichte

Bereits seit dem 1. Jahrhundert nach Christus siedelten Römer in der Urdenbacher Auenlandschaft. Das legten Grabungen in einem antiken Gräberfeld nahe. Das Kastell mit dem Namen „Burungum" oder „Buruncum" sollte als Teil des Limes den Grenzwall gegen die kriegerischen Stämme der Germanen verstärken. Vor allem die Franken stürmten immer wieder gegen das römische Reich. Zwölf Türme hatte die Befestigung, in der rund 150 Söldner unter römischer Heeresleitung lagerten. Steinmauern und Holzpalisaden säumten die 64 mal 64 Meter große Anlage, deren Fundament erhalten ist, ebenso wie zwei Gräben. Etwa 2,40 Meter dick waren die Mauern, zwei Steintore im Osten und Westen gewährten Einlass. Der Innenhof war wohl unbebaut: Die Soldaten, darunter auch Reiter, lebten in Zelten. Kasernenräume, Kornspeicher und Werkstätten waren an die Wehrmauer angebaut. Funde von mehr als 18.000 Tierknochen sowie verbrannte und daher konservierte Speisereste verraten etwa, was und wie viel jene Männer aßen.

Nach dem Rückzug der Römer verfiel das Kastell. Der erhaltene Wehrturm mit quadratischem Fundament stammt wohl aus dem 13. Jahrhundert, auch er fußt auf römischen Steinen. Damals stand die Befestigung allerdings noch auf dem linken Rheinufer. Nachdem aber 1374 ein brachiales Hochwasser fast sechs Monate lang die Ufer überflutet hatte, stand das frühere Kastell plötzlich auf der rechten Seite: Der

Rhein hatte sein Bett verlassen und seinen Fluss um rund 800 Meter verlagert. Die Angaben des ersten dokumentierten Hochwasserpegels für die Stadt Köln, eben aus jenem Jahr, schwanken zwischen Höchstständen von 10,35 und 13,55 Metern.

Zu jener Zeit war aus dem römischen Lager längst eine mittelalterliche Burg geworden. Erstmals urkundlich erwähnt wurde die Anlage im Mai 1019 als „castrum in burgela": Erzbischof Heribert von Köln schenkte der Abtei in Deutz zur Einweihung der dortigen Abteikirche den Besitz – davon leitet sich der heutige Name ab. Eine spätere Urkunde von 1147, ausgestellt von Papst Eugen III., bestätigte die Schenkung eines „Schloss Bürgel mit dem Hofe und Kirche". Mit jener Kirche gemeint war eine Maternuskapelle, die allerdings nicht erhalten ist. Ob dieses kleine Gotteshaus identisch ist mit dem, dessen Überreste inmitten der heutigen Anlage gefunden worden waren, ist umstritten.

Tipps + Termine

Zweimal im Jahr, stets im Juli und am bundesweiten **„Tag des offenen Denkmals"** im September, lässt die historische Gruppe **„Classis Augusta Germanica"**, im wirklichen Leben in Bergkamen beheimatet, das römische Leben im Kastell mit viel Liebe für Details aufleben – Schaulustige sind willkommen. In den Oster- und Herbstferien gibt es Aktionen für Kinder. Für große Geschichtsfreunde gedacht sind dagegen drei bis fünf Vorträge im Jahr.

Fast 300 Jahre lang bewirtschaftete die Familie von Nesselrode Haus Bürgel, bis es als Boden- und Baudenkmal 1989 durch den Verkauf in den Besitz der NRW-Stiftung überging. Pläne, aus dem Gelände eine Golfanlage zu machen, waren damit gescheitert – auch am Widerstand einer Vielzahl von Freunden des Hauses, der heutigen Interes-

Im Mauerwerk zu finden: Spuren der Römer

Der historische Nutzgarten lädt zur Rast ein.

sengemeinschaft. 1996 kam bei Grabungen nicht nur ein Bad mit Warm- und Kaltwasserbecken und einer Fußbodenheizung aus römischer Zeit ans Tageslicht. Die Forscher stießen außerdem auf einen echten Schatz. 139 Bronzemünzen ruhten unter den Dielen in jenem Bad, die jüngste stammt aus dem Jahr 408 nach Christus. Ein Bewohner des Kastells hatte, so nehmen die Finder an, sein Vermögen aus Angst vor einem Raub durch die Franken dort versteckt.

Zeugen der Vergangenheit

Anlage

Haus Bürgel liegt heute mitten in einem Naturschutzgebiet, der Urdenbacher Kämpe im Monheimer Stadtteil Baumberg. Die Reste der römischen Fundamente und Mauern sind gut gekennzeichnet – zum Beispiel jene Stelle im rückwärtigen Mauerwerk des heutigen Haupthauses, an der sich früher das Osttor des Kastells befand. Auf dieser Seite des Gebäudes haben die Mitarbeiter der Biologischen Station einen historischen Nutzgarten angelegt, auch gibt es einen Teich mit Picknickbänken. In der Hofmitte dagegen kennzeichnen weiße Barrieren den Ort, an dem vielleicht die Maternuskapelle stand. Der quadratische Wehrturm steht Besuchern offen, dient er doch als Museum.

Heutige Nutzung

Steht das schwere Eisentor an der Zufahrtseite offen, darf man eintreten. Denn Haus Bürgel ist bewohnt, die Familie unterhält eine Zucht von Kaltblütern. Die stattlichen Pferde grasen auf den saftigen Weiden rings um das Anwesen. Auf dem Hof gackern und scharren Hühner. Im Haupthaus ist seit 1996 auch die Biologische Station des Kreises Mettmann und der Stadt Düsseldorf beheimatet, auf der ersten Etage ist zudem der Zugang zum Römischen Museum, das zum größten Teil im quadratischen Wehrturm untergebracht ist. Dort ausgestellt ist eine Vielzahl von Funden, die seit 1993 von der Kölner Universität und dem Landschaftsverband Rheinland zusammengetragen wurden. In einem Neubau von 2009, angelegt im Südosten der Anlage, befinden sich weitere Exponate, darunter eine nachgebaute, aber funktionsfähige Getreidemühle. Ebenfalls neu gebaut worden ist ein Backofen nach römischem Vorbild, der bei Vorführungen auf rund 200 Grad Celsius angeheizt wird.

Natur + Erlebnis

Urdenbacher Kämpe
Etliche Zugänge am Urdenbacher Weg, 40789 Monheim am Rhein, Tel. (0 21 71) 9 51 89 30 (Interessengemeinschaft), Tel. (02 11) 9 96 12 12 (Biologische Station)
➤ **www.biostation-d-me.de**

Essen + Trinken

Landgasthaus Piwipp
Piwipper Straße, 41539 Dormagen, Tel. (0 21 33) 21 92 29, Di.–So. 11–22 Uhr
➤ **www.haus-piwipp.de**

1 Urdenbacher Kämpe

(direkte Umgebung von Haus Bürgel)

Zwischen den Ausläufern der Städte Düsseldorf und Monheim erstreckt sich entlang des Rheinufers die **Urdenbacher Kämpe,** heute ein 316 Hektar großes Naturschutzgebiet. Die Entstehung dieser **Auenlandschaft** geht auf das verheerende Hochwasser von 1374 zurück, als der Rhein seinen Lauf drastisch um etwa 800 Meter korrigierte. Sie ist heute ein Überschwemmungsgebiet zwischen dem mächtigen Fluss und dem Urdenbacher Altrhein, dem einstigen Flussbett im 14. Jahrhundert. Einer der letzten **Hartholzauen-Wälder** am Niederrhein umgibt diesen Altarm und bietet seltenen Vogelarten wie dem Pirol, dem Schwarzmilan und dem Wachtelkönig eine sichere Heimat, auch Eisvögel sind dort mit etwas Glück zu sehen. Von August 2013 bis März 2014 wurde der Urdenbacher Altrhein auf einer Strecke von mehr als 2 Kilometern renaturiert, sodass der Garather Mühlenbach und auch der Rhein bei Hochwasser tiefer gelegene Areale der Kämpe erreichen und ein **Seen-, Sumpf- und Feuchtgebiet** speisen.

Wanderwege, Radrouten und schmale Autostraßen erschließen das prächtige Grünland, in dem die Biologische Station zahlreiche Hinweistafeln aufgestellt und Rastplätze eingerichtet hat, etwa an den Rändern der Streuobstwiesen und der ausgedehnten Weiden und Wiesen. Auf jenen Tafeln versprechen die Hüter „wunderbare Au(g)enblicke". Der Name „Kämpe" wurzelt im lateinischen Begriff für Feld und Flur: „campus".

2 Piwipper Böötchen

(4,2 km von Haus Bürgel)

Das **Piwipper Böötchen** ist eine von zwei Fähren, die den Rhein überqueren und am Monheimer Ufer ablegen. Seit 2012 organisiert ein Verein zwischen März und Oktober den Fährbetrieb für Fußgänger und Fahrradfahrer, der 1977 eingestellt worden war, weil er kein Geld mehr abwarf – offenbar, weil inzwischen zu viele Brücken den Rhein kreuzten. Die Ursprünge dieser Fähre gehen auf den früheren **Reichskanzler Bruno I. von Sachsen** zurück, der 953 zum Kölner Erzbischof gewählt wurde. Auf seinen Befehl wurden die Reste einer römischen Brücke abgebrochen, er ließ eine Fähre einrichten. Bis zu ihrem Ende fuhr sie allein auf Anforderung. Die Anlegestelle liegt auf Monheimer Seite unterhalb des neu gestalteten Deichs im Rheinbogen, den die Stadt Monheim 2002 und nach Baukosten von fast 31 Millionen Euro einweihte. Die Überfahrt mit dem kultigen Böötchen knapp über den Rheinwogen führt zum **Landgasthaus Piwipp,** gelegen auf Dormagener Rheinseite, und damit zur früheren **Schiffsorderstation Piwipp.**

Info

Piwipper Böötchen

Ableger am Mondorfer Rheindeich, Kapellenstraße/An d'r Kapell, Tel. (01 72) 2 60 53 13, März–Okt., Sa./So. 10.30–18 Uhr, 2 € > **www.piwipp-boot.de**

Das Piwipper Böötchen legt ab.

05 Haus Graven

Adresse
Haus Graven
Haus Graven 1, 40764 Langenfeld,
Tel. (02 12) 65 19 76,
➤ **www.haus-graven.de**
Frei zugängliche Anlage, zudem Konzerte und Kunstausstellungen Mi., Do., Fr. 13–18, Sa./So. 11–18 Uhr, **Ausstellungen:** Sa./So. 14–17 Uhr, Eintritt frei

Ausstellung zur Geschichte von Haus Graven
So. 14–17 Uhr und nach Vereinbarung unter Tel. (02 12) 65 03 88, Eintritt frei

Anfahrt PKW
A 3, AS 20 Solingen/Wiescheid Richtung Solingen-Ohligs, nach rund 3,5 Kilometern in die Haus-Gravener-Straße (K 9), nach rund 100 Metern über Graf-Mirbach-Weg zum Parkplatz des Segelflughafens, Graf-von-Mirbach-Weg 15 (GPS 51.139892, 6.987571); keine Parkmöglichkeiten am Schloss. Etwa 400 Meter bis zur Wasserburg

Anfahrt ÖPNV
Ab Langenfeld S-Bhf., Buslinie 791 bis Kirchstraße, an der katholischen Kirche rechts in die Straße Zur Wasserburg, dann links in Graf-von-Mirbach-Weg, Weg zur Burg insgesamt rund 800 Meter

Essen + Trinken
Wald-Café Burgstube
Tel. (0 21 73) 3 99 39 59,
Mi.–Fr. 13–18, Sa./So. 11–18 Uhr

Außerdem sehenswert:

1 Museum Plagiarius S. 42
2 Laurel- & Hardy-Museum S. 43

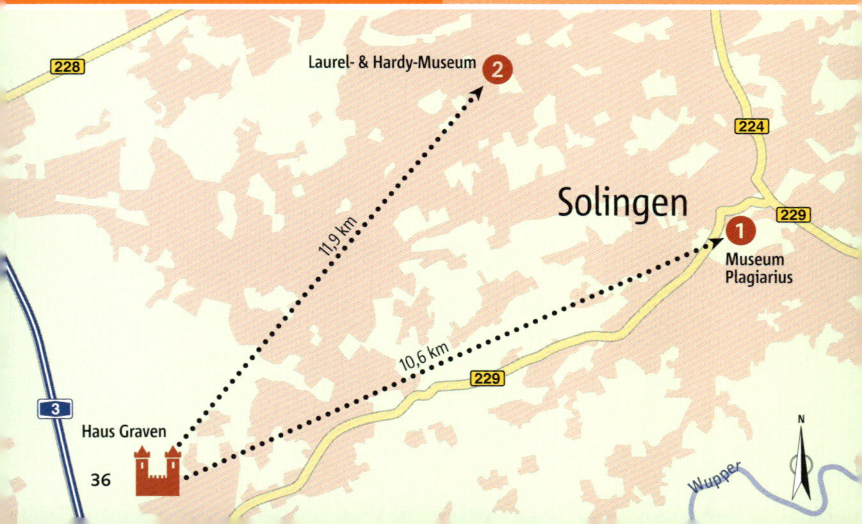

Malerisches Ensemble

Von Wasser umgeben: Haus Graven

Silberahorn im Innenhof von Haus Graven

Haus Graven

Geschichte

Etwa 800 Meter entfernt vom heutigen Standort der Wasserburg Haus Graven stand um das Jahr 1000 im sumpfigen Wald bereits eine Holz-Erde-Festung, von der heute nur noch ein Erdwall zeugt. Die Motte Schwanenmühle gilt als Vorgängerbau der jüngeren Burg, die wohl im 13. Jahrhundert errichtet wurde. Die erste urkundliche Erwähnung des Ortes und der ansässigen Adelsfamilie datiert indes auf den 25. Mai des Jahres 1326, als der Knappe Adolf vamme Graven den Verkauf von Haus Bürgel bezeugte.

1618 begann die mehr als 160 Jahre währende Ära der Familie von Velbrück, die bis ins späte 18. Jahrhundert reichte. Doch erlagen die ersten Besitzer aus dieser Linie und acht ihrer zehn Kinder 1634 dem Schwarzen Tod. Einer der Überlebenden war Conrad Gumprecht, der nach seiner Hochzeit mit Maria Agnes von der Reven und einer Karriere am bergischen Herzoghof Haus Graven zur Familienresidenz erklärte und 1656 allein die Vorburg instand setzen ließ. Im Dreißigjährigen Krieg hatte das Gebäude starken Schaden genommen, das Herrenhaus war nahezu völlig zerstört. Zu Beginn des 18. Jahrhunderts indes lebten die Familie und ihr Oberhaupt Maximilian Heinrich Freiherr von Velbrück bereits in einem Düsseldorfer Stadtpalais. 1738 war das Pachtgut schließlich ein Oberhof mit zwölf untergeordneten Gütern und zudem Sitz des Hofgerichts mit der Aufgabe, Angelegenheiten und Streitigkeiten aus dem bäuerlichen Alltag zu schlichten. Bis in die jüngste Vergangenheit erlebte die Anlage noch viele Besitzerwechsel. 1975 richtete dort etwa der Innenarchitekt Ewald Krömer eine Produktionsstätte für Künstlerteppiche ein, auch öffnete er erstmals Teile der Gebäude für Veranstaltungen. Bis heute ist Haus Graven in Privatbesitz, 2010 erhielt die Stadt Langenfeld die Genehmigung zur mietfreien Nutzung der inzwischen von Grund auf sanierten und restaurierten Wasserburg. Seit 2011 betreut der Verein „Wasserburg Haus Graven" das Ensemble.

Das kleine Museum in der Vorburg

Mitten in Langenfeld liegt dieses Kleinod.

Anlage

Die Mitte des 17. Jahrhunderts wiederaufgebaute Vorburg, ein Bruchsteinbau mit Walmdach, ist auch heute noch der älteste Teil der Wasserburg, die ein breiter Graben umgibt. Durch ein Tor treten die Besucher in einen malerischen Innenhof mit Gartenrondell und einem herrlichen Silberahorn in dessen Mitte. An den Hof grenzen ein Weiher und eine große Wiese. Mit der Vorburg entstanden 1656 zwei weitere Gebäudeflügel.

Heutige Nutzung

Einer der beiden deutlich jüngeren Flügel dient als Wohnhaus, der andere Trakt beherbergt Ausstellungsräume, Seminarzimmer und Festsäle, die vermietet werden. In der Vorburg ist heute das Wald-Café Burgstube ebenso untergebracht wie ein kleines Museum zur Geschichte von Haus Graven. Auch der Hof und die Wiese am Weiher bieten Platz für Veranstaltungen. Feste Größen im Veranstaltungskalender sind das Burgfest im Sommer und im Advent der Weihnachtsmarkt.

Original und Fälschung: Die Unterschiede sind oft minimal.

1 Museum Plagiarius

(10,6 km von Haus Graven)

Fahrräder, Werkzeug, Autofelgen, Spielwaren und Haushaltsgeräte, Einkaufstaschen und das Papiertaschentuch in der blauen Verpackung – Halt machen die **Fälscher** vor nichts: Was sich verkaufen lässt, das wird gefälscht. Seit 2007 stellt das Solinger **Museum Plagiarius** gefälschte Ware aus und klärt damit über **Produkt- und Markenpiraterie** auf. Träger des Hauses ist die **Aktion Plagiarius,** die ihrerseits 1977 den gleichnamigen Negativpreis in Gestalt eines **schwarzen Gartenzwergs mit vergoldeter Lügennase** für dreiste Nachahmungen und skrupellose Geschäftspraktiken vergibt. Und das bei Weitem nicht nur an dubiose Firmen, die in Asien ihren Standort haben. Unter den Preisträgern sind auch bekannte Firmen, deren Produkte in fast jedem Haushalt stehen. Ins Leben gerufen hat diese Initiative der Designprofessor **Rido Busse.** Zudem leistet das Museum Plagiarius mit seinen wechselnden Exponaten Aufklärungsarbeit nicht nur über die finanziellen Schäden, die der Wirtschaft entstehen, sondern auch über die Gefahr, in der sich der Verbraucher befindet: Denn unter den gefälschten Waren sind sogar **Medikamente.** Und deren Nebenwirkungen, warnen die Markenrechtler, seien unvorhersehbar. Zu sehen sind rund 400 Exponate, Original und gefälschtes Pendant

Kunst + Kultur

Museum Plagiarius
Bahnhofstraße 11, 42651 Solingen, Tel. (02 12) 2 21 07 31, Do./Fr. 9.30–13 und 13.30–17, Sa./So. 13–17 Uhr, 4 €
➤ **www.museum-plagiarius.de**

Essen + Trinken

Alte Herrlichkeit, Romantikhotel Gravenberg, Elberfelder Straße 45, 40764 Langenfeld, Tel. (0 21 73) 92 20-0,Mo. 12–14 und 17.30–22, Di.–Sa. 12–22, So. 11.30–17 Uhr,
➤ **www.gravenberg.de**

sind dort vereint. Und oft muss man ganz genau hinsehen, um den Unterschied zu erkennen. In einem weiteren Bereich des Museums sind Waren zu sehen, die der Deutsche Zoll aus dem Verkehr gezogen hat.

1 Laurel- & Hardy-Museum

(11,9 km von Haus Graven)

Wolfgang Günthers größter Schatz ist eher unscheinbar: Es ist eine **Schellackplatte** in braunem Papier. Darauf zu hören sind der britische Komiker **Stan Laurel** (1890–1965) und sein kongenialer Partner, der Amerikaner **Oliver Hardy** (1892–1957). Das Gespann bedankt sich darauf für die Begeisterung, die ihnen die Fans während einer Reise durch Großbritannien entgegengebracht haben. Ist das Museum offen, kann man sich jene kurzen, bekannten Schwarz-Weiß-Streifen anschauen. In Deutschland ließen die beiden Schauspieler als **„Dick und Doof"** die Lachtränen ganzer Generationen fließen. „Wenn die Leute hier sitzen und sich schlapp lachen, dann gibt es für mich nichts Schöneres", sagt Günther (Jahrgang 1945), der mit seiner Ehefrau Vera seit 1990 in einem Solinger **Kotten** Devotionalien rund um Laurel und Hardy aus aller Welt zusammenträgt. Die Schaustücke kann der Journalist schon lange nicht mehr zählen. Rund 1200 Besucher habe er im Jahr, sagt Günther.

Info

Laurel- & Hardy-Museum
Walder Kotten, Locher Straße 17, 42719 Solingen, Tel. (02 12) 81 61 09, geöffnet an jedem letzten Wochenende im Monat, Sa. 12–17, So. 11–17 Uhr oder nach Absprache, Eintritt frei, Spende erbeten

Fachmann mit Bowlerhut: Museumschef Wolfgang Günter

06 Schloss Burg

Adresse
Schloss Burg
Schlossplatz 2, 42659 Solingen,
Tel. (02 12) 24 22-611,
Nov.–März, Di.–Fr. 10–16,
Sa./So. 10–17 Uhr
März–Okt., Mo. 13–18,
Di.–So. 10–18 Uhr, 5 €

Anfahrt PKW
A 3 in Richtung Oberhausen bis A 1 Dortmund/Wuppertal-Ost bis AS 96 Wermelskirchen, Richtung Wermelskirchen/Schloss Burg/Wipperfürth fahren, dann Beschilderung für etwa 3,5 Kilometer folgen; viele Parkplätze am Schlossgelände (GPS 51.13777, 7.152427)

Anfahrt ÖPNV
Ab Solingen Hbf. mit Bus 681 in Richtung Hästen bis Graf-Wilhelm-Platz, dann Bus 683 in Richtung Burger Bf. bis Schloss Burg

Essen + Trinken
Viele Gastronomieangebote rund um die Burg

Außerdem sehenswert:

① Müngstener Brückenpark S. 50 ② Balkhauser Kotten S. 51

Im innersten Hof von Schloss Burg

Mit der Seilbahn hinauf zur Festung

Der Bergsporn oberhalb der Wupper trägt das Solinger Wahrzeichen.

Schloss Burg

Geschichte

Ein steiler Bergsporn, rund 100 Meter oberhalb der Wupper gelegen, erschien den Grafen von Berg als der richtige Platz, um zu Beginn des 12. Jahrhunderts eine neue Residenz zu errichten. Der alte Stammsitz, die um 1060 erbaute Burg Berge im Dhünntal bei Altenberg (heute Gemeinde Odenthal), sollte aufgegeben werden. Bauherr war Adolf II. von Berg, erster Name dieser Residenz war schlicht „novum castrum", „neue Burg". Die Anlage blieb im Familienbesitz der Grafen von Berg und gehörte 1247 zu den vier wichtigsten Festungen neben der alten Burg Bensberg (heute auch „Altes Schloss"), der Burg Angermund (Düsseldorf) und der an der Sieg gelegenen Burg Windeck. Im 13. und 14. Jahrhundert diente die Burg an der Wupper den Grafen von Berg weiterhin als zentraler Wohnsitz, doch sollte sie mit der Gründung der Stadt Düsseldorf 1288 ihre Bedeutung verlieren. Jenes Jahr ist das der Schlacht von Worringen, aus der Siegfried von Westerburg, der Kölner Erzbischof, als Verlierer hervorging und in die Gefangenschaft von Graf Adolf V. (?–1296) geriet. Er wurde in der Burg an der Wupper eingekerkert. Um seine Macht am Rhein weiter auszubauen und mehr Kontrolle ausüben zu können, gründete Adolf V. Düsseldorf. Spätestens 1385 ist die Stadt das neue Zentrum des Herzogtums Berg.

Die frühere Residenz an der Wupper diente den Herzögen fortan nur noch als Jagdschloss, um 1500 wurde ihr südlicher Bereich noch einmal erweitert. Aus dieser Zeit aber stammt der heutige Name, „Schloss Burg". In den folgenden Jahren geboten die Besitzer dem Verfall wenig Einhalt. Ebenso hinterließ der Dreißigjährige Krieg deutliche Spuren an dem Bauwerk, so etwa im Herbst 1632, als schwedische Truppen die Festung belagerten und beschossen, ohne

Adolf I., Begründer der Grafschaft

Tipps + Termine

Die Reihe der regelmäßigen Veranstaltungen auf Schloss Burg beginnt mit dem **Ostermarkt,** im Juni steigt stets das **Historische Kinderfest,** gefolgt vom **Mittelaltermarkt** am Ende des Monats. An den ersten beiden Augustwochenenden locken **Ritterspiele** die Besucher in Scharen. Noch beliebter ist der **Basar der Kunsthandwerker** Ende Oktober/Anfang November. Hier zählen die Organisatoren immer rund 25.000 Besucher. Am ersten Adventswochenende gibt es den **Weihnachtsbasar.**

Beim historischen Kinderfest treffen kleine Ritter auf großen Recken.

sie einzunehmen. Es waren schließlich kaiserliche Truppen, die 1648 die Wehranlagen, darunter Türme und Tore, dem Erdboden gleichmachten. Der Bergfried wurde gesprengt. Allein der sogenannte Diebesturm und einige Wirtschaftsgebäude blieben stehen. Wenigstens der Palas wurde um 1700 als Amtssitz der herzoglichen Rentmeister und Richter im bergischen Amt Bornefeld wiederaufgebaut und bis 1807 genutzt. Danach erlebte die Burg verschiedene Nutzungen, als Schule zum Beispiel oder als Eisengießerei, Maschinenfabrik oder sogar Stahlwalzwerk und Schleiferei. Danach endgültig dem Verfall und dem Abbruch preisgegeben, zerfiel die Anlage zusehends. 1850 stand auf dem Bergsporn nur noch eine Ruine.

Ernsthafte Bemühungen um eine Restaurierung begannen Ende des 19. Jahrhunderts, zum Beispiel mit der Gründung des Vereins zur Erhaltung der Schlossruine Burg an der Wupper und dem späteren Schlossbauverein, dem heutigen Hüter des Ausflugsziels.

Anlage

Das heutige Aussehen der Burg an der Wupper entspricht Rekonstruktionen

aus dem Jahr 1715 und ist Ergebnis der 1892 begonnenen Restaurierung. Älteste erhaltene Reste sind kleinere Wehrmauern am Palas, Teile der Außenmauern und das Torhaus. Für das Grabentor, das heute als Haupteingang dient, gibt es dagegen keine Vorlage. Viele der Gebäude, die im Zuge des Wiederaufbaus und der Öffnung für Besucher seit 1887 entstanden sind, gelten als stark historisierend. Rund 18.000 Quadratmeter misst die Burganlage insgesamt, allein die innere Burg erstreckt sich auf einer Fläche von etwa 4000 Quadratmetern. Cafés, Restaurants, Geschäfte und Souvenirläden säumen den historischen Kern und stehen dort, wo sich einst die Außenmauer befand. Der Bergfried ist begehbar und bietet einen weitreichenden Panoramablick. Schloss Burg gilt als eine der größten wiederaufgebauten Burganlagen Deutschlands. 1954 wurde im Westen der Anlage eine Seilbahn gebaut, die Besucher den Bergsporn hinauffährt und zudem eine kurze Verbindung zwischen der früheren Unterburg und der Oberburg herstellt.

Heutige Nutzung

Allein 160.000 Besucher strömen nach Angaben des Schlossbauvereins jährlich durch das Bergische Museum, 250.000 Menschen besuchen Schloss Burg insgesamt. Die Anlage ist gemeinsamer Besitz der Städte Solingen, Wuppertal und Remscheid. In den Burgräumen untergebracht ist das schon 1894 eröffnete Bergische Museum, das heute allerdings nicht mehr dem Geschmack der Zeit entspricht. Herzstück ist der prunkvolle Rittersaal, üppige Wandgemälde darin erzählen in großformatigen Szenen von der Zeit der Grafen von Berg und der Geschichte des Bergischen Landes. Sehenswert ist auch die Sammlung historischer Gegenstände aus Apotheken im Bergischen Land.

Für rund 30 Millionen Euro, so eine erste Kostenschätzung, soll Schloss Burg bis voraussichtlich 2026 völlig saniert werden. Im Zuge dieser Arbeiten erhält auch das Museum ein neues Konzept, das etwa interaktive Stationen vorsieht. Erstes Projekt ist die Renovierung des Bergfrieds.

107 Meter über der Wupper: Die Müngstener Brücke

1 Müngstener Brückenpark

(9,9 km von Schloss Burg)

Mit einer Höhe von 107 Metern ist die **Müngstener Brücke** das **höchste Eisenbahnbauwerk** Deutschlands. In der Länge misst die 1897 errichtete und jüngst für 30 Millionen Euro sanierte Stahlkreuzung zwischen Solingen und Wuppertal-Oberbarmen 465 Meter. Darunter, entlang dem **Wupperufer,** erstreckt sich auf fast 17.000 Quadratmetern der Brückenpark mit dem Gastronomiebetrieb **Haus Müngsten,** einem bergischen Kiosk, einer Minigolfanlage und einer üppigen **Auenlandschaft.** Bewirtschaftet wird der Park zum größten Teil von der Lebenshilfe mit ihrem Unternehmen Integra, die damit Arbeitsplätze für Menschen mit Behinderung schafft. Die Gestaltung des Geländes ist ein Projekt aus dem **Strukturförderprogramm „Regionale 2006"** des Landes Nordrhein-Westfalen,

Natur + Erlebnis

Müngstener Brückenpark
Müngstener Brückenweg 71, 42659 Solingen, Tel. (0 21 91) 90 94 44, ganzjährig geöffnet
Schwebefähre: tägl. 10–18 Uhr, nach Umstellung der Uhr auf Winterzeit bis 28. Februar nur Sa./So. 11–17 Uhr, Tel. (02 12) 2 44 36 85
> **www.brueckenpark-muengsten.de**

Essen + Trinken

Landgasthof Zur Post, Aufderhöher Straße 123, 42699 Solingen, Tel. (02 12) 65 00 54 41
Mo. 17–23, Mi.–Sa. 11.30–14.30 und 17–23, So. 11.30–23 Uhr

Eröffnung war im Mai 2006. Am Eingang steht der **Schaltkotten,** 1574 errichtet und 1900 nach einem Brand wiederaufgebaut. Er war eine der vielen Schleifereien vergangener Jahrhunderte, heute versorgt die Technik darin den Brückenpark mit Strom. Das integrativ geführte Haus Müngsten wurde 2010 eröffnet, aus rostbraunem Cortenstahl und viel Glas geschaffen ist die einzigartige Fassade. Im Park beginnen auch zwei Wanderrouten hinauf zu Schloss Burg. Auf einer Strecke gilt es jedoch, die Wupper zu überqueren. Das geschieht mit einer **Schwebefähre,** die allein Muskelkraft in Bewegung setzt. Gleichzeitig verbindet das Gefährt die Städte Solingen und Remscheid, die an dieser Stelle der Fluss trennt. Rund 300.000 Menschen besuchen den Müngstener Brückenpark jährlich, um den Blick nach oben zu richten. Doch sollte man auch ein Auge auf die Fauna haben: Im Park ist der seltene Eisvogel heimisch.

2 Balkhauser Kotten

(10,1 km von Schloss Burg)

Der **Balkhauser Kotten,** 1504 urkundlich erstmals erwähnt, ist – zusammen mit dem Solinger Wipperkotten – heute einer von zwei nahezu voll funktionsfähigen **Schleiferkotten** im Bergischen Land. Er liegt am Wupperufer – und wer stumpfe Messer in der Küche hat, kann diese dort schärfen lassen. **Solinger Zöppken und Knippchen** – kleine, aber blitzscharfe Küchenhelfer – gibt es im Museumsladen des massiven Fachwerkhauses. Ein begehbares Schaufenster im Boden öffnet den Blick auf die alte Technik und den Antrieb durch **Wasserkraft.** Obwohl der Kotten im Laufe seiner Geschichte immer wieder dem Verfall preisgegeben war und Opfer etlicher Brände wurde, standen die Schleifgeräte für die Klingen von Messern und Scheren niemals vollends still. Hatten dort 1920 etwa fast 60 Schleifer ihren Arbeitsplatz, so waren es am Ende noch zwei Männer, die alles in Gang hielten. Eine Gruppe geschichtsbewusster Ehrenamtler kümmert sich heute um die malerisch gelegene Anlage, die Schleifstuben von 1800 und 1900 sowie seit 1962 den aktuellen **Arbeitsraum mit Schleifstein** und eine **Pließtstelle** für den letzten **Feinschliff** beherbergt. Schautafeln und Exponate in Vitrinen klären

Info

Balkhauser Kotten

Balkhauser Weg 2, 42659 Solingen, Tel. (02 12) 3 83 54 53,
Di.–So. 10–17 Uhr, Eintritt frei

➤ **www.balkhauser-kotten.de**

07 Schloss Hückeswagen

Adresse
Schloss Hückeswagen
Auf'm Schloss, 42499 Hückeswagen, Tel. (0 21 92) 93 52 04,
Heimatmuseum: So. 11–13, jeden ersten Sa. im Monat 14.30–16.30 Uhr, Eintritt frei
➤ **www.hueckeswagen.de**

Anfahrt PKW
A 3 in Richtung Oberhausen bis A 1 Dortmund/Wuppertal-Ost bis AS 96 Wermelskirchen, Richtung Wermelskirchen/Schloss Burg/Wipperfürth, im Kreisverkehr erste Ausfahrt (Burger Straße), danach der Beschilderung folgen; Parkplatz am Schloss (GPS 51.150809, 7.341689)

Anfahrt ÖPNV
Ab Köln Hbf. mit S-Bahn 11 in Richtung Bergisch Gladbach bis Bergisch Gladbach, dann Bus 426 in Richtung Wipperfürth bis Hochstraße, dann Bus 336 in Richtung Lennep bis Bahnhofstraße; 7 Minuten Fußweg zum Schloss

Außerdem sehenswert:

1 Altstadt Remscheid-Lennep S. 58
2 Straußenfarm Emminghausen S. 5

Das Schloss am Ende der Straße

Heute residiert Hückeswagens Bürgermeister im Schloss.

Eingang zum Heimatmuseum im Schloss

Schloss Hückeswagen

Geschichte

Als castrum hukingiswage wurde die Festung auf dem Bergsporn oberhalb der Wupper erst 1189 erstmals urkundlich erwähnt, doch muss sie wesentlich früher erbaut worden sein. Über ihre Besitzer, die Grafen Friedrich, Heinrich und Arnold von Hückeswagen, findet man dagegen schon 1138 einen Eintrag. Ob sie in jenem Jahr aber auch mit den Arbeiten begannen, ist zweifelhaft. Die Stadt Hückeswagen beruft sich ihrerseits auf eine Schenkungsurkunde an die Äbtissin Swanhild und ihr Stift Essen aus dem Jahr 1085 als Beginn der Stadtgeschichte, die dicht verwoben war mit der Burg und dem späteren Schloss. Damit wechselte das Gut Hückeswagen den Besitzer. Erwähnt wurde diese Schenkung in einem Schriftstück von König Heinrich IV.

Wahrscheinlich im ersten Drittel des 13. Jahrhunderts wurde der Bergfried errichtet, der auch den Namen Schelmenturm trägt. Damals ragte er 23 Meter in die Höhe, wurde aber in späteren Jahrhunderten auf seine heutige Größe reduziert.

Die Herrschaft der Grafen von Hückeswagen währte indes keine 100 Jahre: Schon 1260 veräußerten die Söhne des 20 Jahre zuvor verstorbenen Grafen Arnold ihren Besitz an die Grafen von Berg, um sich endgültig in Mähren niederzulassen. Nach ihrem Fortgang diente die Burg der Gräfin Margarete von Hochstaden als Witwensitz, die den Handel in Vertretung ihres minderjährigen Sohnes Adolf V. ausgeführt hatte. Sie bewohnte die Burg Hückeswagen für viele Jahre, und Heimatforscher vermuten, dass während ihrer Zeit dort der Palas gebaut wurde. Er sollte mehr Wohnkomfort bieten, nicht aber die Wehrhaftigkeit der Anlage verstärken. 1298, und damit zu Lebzeiten Margaretes, wurde Hückeswagen zur Rentmeisterei erklärt. In den Jahrzehnten danach wurde diese jedoch immer wieder verpfändet. Seit 1397 ist die Benennung als Schloss belegt.

Während der Ort Hückeswagen ab dem ausgehenden 17. Jahrhundert dank der vielen Tuchmacher seinen wirtschaftlichen Aufstieg erlebte, verfiel das Schloss – obwohl es weiterhin genutzt wurde: Es beherbergte für mehr als 200 Jahre etwa eine katholische Kirche, die wohl aus der früheren Schlosskapelle hervorgegangen war, war zudem Sitz des örtlichen Gerichts und weiterhin Rentmeisterei. Zuletzt gelangte die Anlage in preußischen Staatsbesitz und wurde in Teilen an Privatleute verkauft. So richteten Industrielle dort zum Beispiel Warenlager ein.

1859 erhielt Hückeswagen Stadtrechte. 1884 gelangte die Stadt in den Besitz erster Schlossräume, 1907 war sie Besitzer des gesamten Hauses. Damit verbunden war auch die aufwendige Sanierung der früheren Burg, die weiterhin Verwaltungsaufgaben dienen sollte.

Bergische Küchenstube im Museum

Anlage

Heute ist das Schloss Teil eines Ensembles und Prachtstück des historischen Stadtkerns. Es steht am Ende der Markstraße, die bergische Wohn- und Geschäftshäuser im typischen Grau, Grün und Weiß säumen. Die Straße führt zum Schlossplatz, vorbei an der stattlichen Pauluskirche von 1787 und dem idyllischen Rosengarten. Gestaltet wurde dieses Rosarium unter anderem durch den Rosenprofessor Ewald Gnau, einem Sohn der Stadt. Erhalten sind der Ost- und Westflügel des Schlosses in rechtwinkliger Lage, der Schelmenturm (wenn auch mit geringerer Höhe) und der massive Torturm. Alle Gebäudeteile wurden im Laufe der Zeit immer wieder den jeweils aktuellen Bedürfnissen angepasst.

Heutige Nutzung

Heute residiert auf Schloss Hückeswagen der Bürgermeister der Kleinstadt

Brunnen auf dem Schlossplatz

Pavillion im Rosengarten

mit rund 16.000 Einwohnern. Im Torturm und in der Torkapelle untergebracht ist seit 1963 das ehrenamtlich geführte Heimatmuseum mit Exponaten aus der örtlichen und regionalen Geschichte, dem Alltagsleben im Bergischen und der Kirchenhistorie dort. Eine bergische Küche von 1900 ist da ebenso aufgebaut wie eine Schlafstube. Auf dem Schlossplatz steht ferner ein 2007 restaurierter Brunnen aus dem Mittelalter.

Das Röntgenmuseum am Rand der Senneper Altstadt

1 Altstadt Remscheid-Lennep

(11,8 km von Schloss Hückeswagen)

Lennep ist der größte Stadtteil Remscheids und hat etwa 26.000 Einwohner. Eine erste Siedlung hat es, archäologischen Funden zufolge, bereits vor mehr als 5000 Jahren gegeben. Die **historische Altstadt** mit fast **120 bergisch grauen Schieferhäusern** steht heute als Ensemble unter **Denkmalschutz,** den Zweiten Weltkrieg hat das Viertel nahezu unbeschadet überstanden. 1230 zur Stadt erhoben, hatte Lennep im Mittelalter eine große Bedeutung, auch war Lennep Mitglied im **Hansebund** und damit eine der bedeutendsten

Kunst + Kultur

Deutsches Röntgen-Museum

Schwelmer Straße 41, 42897 Remscheid, Tel. (0 21 91) 16 33 84, Di.–So. 10–17 Uhr, 3,50 €

➤ **www.roentgenmuseum.de**

Essen + Trinken

Restaurant Daunia

Kronenstraße 2, 42897 Remscheid, Tel. (0 21 91) 66 79 69, Mo.–So. 11.30–14.30 und 17–0 Uhr

Städte im Bergischen. Dabei gelangte Lennep dank seiner **Textilindustrie** zu großem Wohlstand. 1746 wütete ein verheerendes Feuer in der Kleinstadt, viele der heutigen Häuser wurden danach gebaut – man spricht vom bergischen Barock. Seit 1929 gehört Lennep als Bezirk zur Stadt Remscheid.

Herzstück ist der **Alte Markt** mit vielen Geschäften und Gaststätten. Am Rand des historischen Kerns steht das **Röntgen-Museum. Wilhelm Conrad Röntgen** wurde als Sohn einer Tuchmacherfamilie 1845 in Lennep geboren, seine bedeutendste Entdeckung machte der Wissenschaftler und Träger des ersten **Nobelpreises in Physik** 1895 an der Universität von Würzburg: die „Röntgenstrahlen". Das Museum in der Heimatstadt wurde 1932 eröffnet und 2007 von Grund auf neu gestaltet. Seither ist es auf ein familiengerechtes Erleben ausgerichtet.

2 Straußenfarm Emminghausen

(15,6 km von Schloss Hückeswagen)

Ein Strauß im Bergischen

Info

Straußenfarm Emminghausen
Emminghausen 80, 42929 Wermelskirchen, Tel. (01 51) 16 62 84 19, wechselnde Termine für Führungen, meist Sa./So. 11 Uhr, 3 €,
Öffnungszeiten Hofladen:
Mo./Mi./Fr. 9–18 Uhr, Di./Do. 9–14 Uhr, Sa. 11–16 Uhr, So. 11–15 Uhr, ➤ **www.straussenfarm-emminghausen.de**

Bergische Landschaft pur: Saftige Wiesen, grüne Täler, bewaldete Höhen. Und mittendrin weiden Bisons, rennen Strauße. Seit 2008 betreibt **Klaus Stöcker** in Wermelskirchen und dort im Vorort Emminghausen eine Straußenfarm, auf der sich heute auch eine **Bisonherde** tummelt. Bei Führungen geht es über das rund 12 Hektar große Gelände und vorbei an den Gehegen, in denen **240 Blauhalssträuße** um **Zuchthahn Falko** und ein **Schwarzhalsstrauß** leben. Doch immer ist Vorsicht geboten: Die Laufvögel sind sehr neugierig und sie schnappen gerne zu. Die Rundgänge sind kurzweilig und lehrreich: Wer weiß schon, dass ein Strauß etwa 1,5 Kilogramm Steine schluckt, um die Nahrung zu zerkleinern? Schließlich haben die riesigen Tiere keine Zähne, sie schlucken ihre Nahrung unzerkaut. Letzte Station ist stets das Gehege mit den jüngsten Straußen: Und diesen ulkigen Tieren könnte man stundenlang beim Hin- und Herflitzen zusehen.

08 Wasserschloss Badinghagen

Adresse

Wasserschloss Badinghagen
Badinghagen 1, 58540 Meinerzhagen, zugänglich sind nur die Gärten – keine festen Öffnungszeiten, nach Auskunft der Touristeninformation in Meinerzhagen aber regelmäßig an den Wochenenden

Anfahrt PKW

A 4 bis AS 26 Reichshof/Bergneustadt, dort auf B 256 in Richtung Bergneustadt, links halten, weiter auf Südring, im Kreisverkehr erste Ausfahrt (Kölner Straße/B 55), links abbiegen auf L 173 in Richtung Lieberhausen/Niederrengse, nach etwa 5 Kilometern links abbiegen auf B 54 in Richtung Meinerzhagen; Parkplatz am Schloss (GPS 51.086538, 7.654722)

Anfahrt ÖPNV

Vom ZOB Meinerzhagen mit dem Bus 296 in Richtung Kroppelnberg bis Niederbadinghagen, etwa 12 Minuten Fußweg

Außerdem sehenswert:

① Atstadt Bergneustadt S. 64 ② Aggertalsperre S. 65

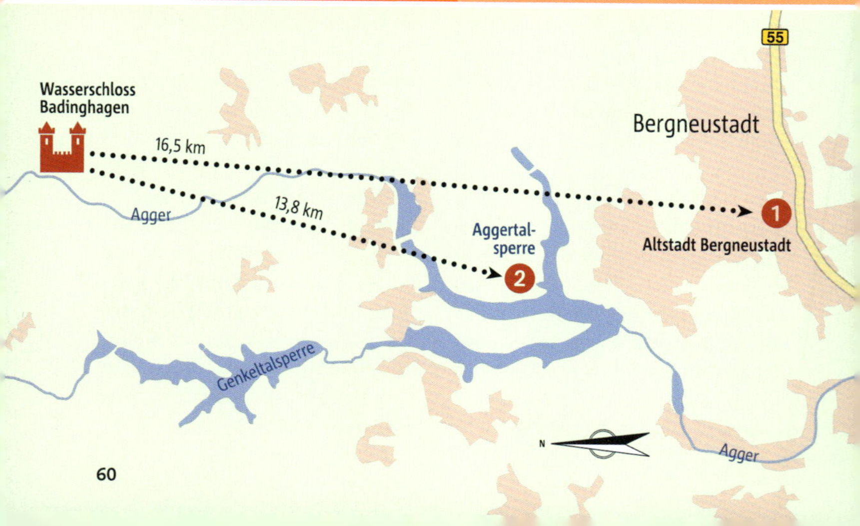

Kleinod im Grünen

Liebevoll gehegt und gepflegt:
Wasserschloss Badinghagen

Wasserschloss Badinghagen

Geschichte

In der zweiten Hälfte des 14. Jahrhunderts gab es Hinweise auf ein Schloss und damit auf eine Adelsresidenz in der Gegend. So soll es dort ab 1363 einen Ritter Johann von Badinghagen gegeben haben. Die Spur dieser Familie aus dem niederen Adel verlor sich dann aber wieder, offenbar erlosch sie im 15. Jahrhundert. 1469 überließ die Abtei Werden das Anwesen den Herren Godemann von Hackenberg zu Breckerfeld und Friedrich von Karthausen. 1509 fand dann Friedrich von Karthausen als Herr von Badinghagen Erwähnung, dem zuletzt hochverschuldeten Besitzer folgten 1642 Friedrich von Neuhoff, der es für 9024 Reichstaler erwarb, und 1725 die Familie von Nagel. Für 1663 ist eine erste aufwendige Restaurierung bezeugt. 1777, inzwischen mit dem Rittersitz Listringhausen, ebenfalls in der heutigen Stadt Meinerzhagen gelegen, fiel das Wasserschloss Badinghagen an die rheinische Adelsfamilie Raitz von Frentz zu Schlenderhahn, danach wurde es bürgerlicher Besitz: 1897 ersteigerte der Forstwirt und Kaufmann Heinrich Dresler aus Kreuztal im Siegerland sowohl Badinghagen als auch Listringhausen. Im Besitz dieser Familie ist das Anwesen auch heute noch. In den Jahren von 1900 bis 1902 nahm der neue Eigentümer weitreichende bauliche Veränderungen an dem von Gräften umgebenen Haus vor. Nachdem etwa das alte Burghaus bis auf standhafte Partien der Nordostwand abgebrochen worden war, entstand auf dem Grundriss das weitestgehend neue Gebäude.

Anlage

Das Wasserschloss Badinghagen liegt recht verborgen mitten in einem dichten Wald und in einem Tal in der Nähe der Agger. Der idyllische Weg dorthin führt vorbei an kleineren Aggerweihern, die bereits zur Aggertalsperre gehören. Das allein erhaltene Haupthaus mit seinen drei Geschossen und dem spitz zulaufenden Satteldach trägt spätmittelalterliche Züge. Umgeben ist es von Rhododendronbüschen und noch heute von einem Wassergraben, über den eine Steinbrücke mit zwei Bögen und kleinen Zinnen führt. Das Haus besitzt einen Torturm, dessen Entstehungszeit jedoch unbekannt ist. Fenster, Fachwerkfassade und Erker stammen aus der Zeit des großen Umbaus zu Beginn des 20. Jahrhunderts. Daher wird das Gebäude in der Forschung stets als spätmittelalterlich historisierend und stark überformt bezeichnet. In der Tat erinnert es mit seinem dekorativ angeordneten Fachwerk in schwarz-weiß eher an ein Märchenschloss als an einen mittelalterlichen Rittersitz.

Heutige Nutzung

Die eingezäunte Anlage wird von der Stadt Meinerzhagen als Sehenswürdigkeit beworben – und das ist sie auch. Allerdings ist das Wasserschloss Badinghagen bewohnt und daher nicht zugänglich. Gleichwohl, so teilt das Tourismusbüro mit, gebe es einen Ver-

Eine Anlage wie aus dem Märchen

walter, der die üppige, penibel gepflegte Gartenanlage mit ihren unzähligen Rhododendronrabatten regelmäßig an den Wochenenden für Gäste öffne. Feste Zeiten gibt es allerdings nicht. Zudem liegt die Anlage an einem Knotenpunkt verschiedener Wanderrouten, darunter der Sauerland-Höhenflug. Geschätzt wird das Wasserschloss Badinghagen auch von Filmemachern, die es häufig als Kulisse für Dreharbeiten wählen.

1 Altstadt Bergneustadt

(16,5 km von Schloss Badinghagen)

Die Gründung der **Stadtburg Nyestadt** im Jahr 1301 sollte ein Bollwerk schaffen gegen die wachsende Macht der Herren von Berg. Bauherr ist der Drost **Rutger von Altena** im Auftrag von **Graf Eberhard I. von der Mark.** Die Festung erlebte jedoch eine wechselvolle Geschichte: der Dreißigjährige Krieg, die **Pest** und **vier verheerende Brände** hinterließen ihre Spuren. Zuletzt wurde die heutige Stadt Bergneustadt von 1742 bis 1857 wiederaufgebaut. Mittelalterliche Zeugnisse gibt es nur wenige: Vom **Burggraben** wurden Reste entdeckt, Teile der **doppelten Ringmauer** und Bruchstücke eines alten Brunnens kamen bisher zum Vorschein. Dieser wurde an der **Altstadtkirche,** an seinem einstigen Standort, wiederaufgestellt. Und doch lohnt sich ein Besuch der schmucken Altstadt mit ihren engen Gassen und den Fachwerkhäusern. „Hätten wir hier noch mehr Mittelalter, so wäre die Stadt so beliebt wie Rothenburg ob der Tauber", sagt **Walter Jordan.** Er leitet das 1984 gegründete **Heimatmuseum.** Liebevoll ausgebreitet und mit Akribie zusammengetragen sind die Exponate darin, die bergische Geschichte lebendig werden lassen. Im Haus selbst ist eine **Spinnerei:** An jedem zweiten Samstag im Monat treffen sich dort Bergneustädterinnen, um das alte Handwerk auszuüben. Nebenan gibt es ein **Backhaus,** eine **Schmiede** und eine **Druckerei,** überall wird zu festen Zeiten ebenfalls gearbeitet wie anno dazumal. Zudem sind im obersten Geschoss des Museums **140 Feuerwehrhelme aus 70 Ländern** und etlichen Epochen ausgestellt. Der Feuerwehrmann **Dietmar Koch** hat dort

Kunst + Kultur

Heimatmuseum Bergneustadt und Touristeninformation
Wallstraße 1, 51702 Bergneustadt, Tel. (0 22 61) 4 31 84, Di.–So. 11–17 Uhr, 2,50 €
➤ **www.heimatverein-bergneustadt.de**

Essen + Trinken

Rengser Mühle
Niederrengse 4, 51702 Bergneustadt, Tel. (0 27 63) 9 14 50, Mi.–So. 12–21 Uhr
➤ **www.rengser-muehle.de**

Museumsleiter Walter Jordan kennt zu jedem Exponat eine Geschichte.

Die Aggertalsperre mit Sperrmauer

wohl die weltweit größte Sammlung zusammengetragen. Darunter ist auch ein Kopfschutz des legendären Amerikaners **Paul Neal Adair,** der sich als „Red Adair“ in der Bekämpfung von Großbränden einen Namen gemacht hat. Der Helm trägt deutliche Spuren vieler Einsätze. Eine Besonderheit ist auch der große und wertvolle Bestand an Werken des **„Enten-Malers“ Alexander Koester,** der ein Sohn der Stadt war. Zuletzt hat der Heimatverein „Feste Neustadt“, einen mittelalterlichen Eiskeller am Fuß des Burgbergs wieder zugänglich gemacht.

2 Aggertalsperre

(13,8 km von Schloss Badinghagen)

Die **Aggertalsperre** in Gummersbach, angelegt zwischen 1927 und 1929, ist eine von zehn Talsperren im Oberbergischen Kreis, sie dient

Info

Aggertalsperre

Derschlager Straße oder Wanderparkplatz an der Sperrmauer (GPS 51.035847, 7.633981), 51647 Gummersbach

dem Hochwasserschutz und der Erzeugung von Strom. Nach Angaben des Aggerverbandes, dem Betreiber, fasst sie rund 17 Millionen Kubikmeter Wasser. Die größte ist allerdings die Wiehltalsperre in der Gemeinde Reichshof. Doch im Gegensatz zur unzugänglichen Reichshofer Talsperre ist das Baden in der Aggertalsperre an ausgewiesenen Uferstellen und Stränden erlaubt. Gespeist wird sie von den Flüssen Agger, Genkel und Rengse. Die Aggertalsperre gilt zudem als ruhiges Tauchrevier, bietet eine Vielzahl von Wanderrouten, dazu Boots- und Yachthäfen sowie Zelt- und Campingplätze.

09 Burg Schnellenberg

Adresse

Burg Schnellenberg
Schnellenberg 1, 57439 Attendorn, Tel. (0 27 22) 69 40, ganzjährig geöffnet, Eintritt frei
> **www.burg-schnellenberg.de**

Anfahrt PKW

A 45 bis AS 18 Olpe auf B 54/B 55 in Richtung Olpe/Drolshagen-Süd/Attendorn/Lennestadt, links abbiegen auf B 54/B 55 in Richtung Lennestadt/Attendorn/Olpe bis Ausfahrt Finnentrop/Attendorn/Biggesee, im Kreisverkehr erste Ausfahrt (Talbrücke Sondern) nehmen, weiter auf Biggeseestraße/K 17, dann Beschilderung folgen; Parkplatz am Schlossgelände (GPS 51.123781, 7.925651)

Anfahrt ÖPNV

Ab Bf. Siegen mit Abellio Rail in Richtung Werdohl, dann mit der Hessischen Landesbahn in Richtung Olpe nach Attendorn, von dort mit dem Taxi zu Burg Schnellenberg.

Essen + Trinken

Restaurant, Café und Bar Burg Schnellenberg
Tel. (0 27 22) 69 40, tägl. geöffnet, 7–11 (Frühstück nur nach Reservierung), 12–14, 14.30–17, 18–21.30 Uhr

Außerdem sehenswert:

1 Atta-Höhle S. 72 2 Elspe-Festival/Karl-May-Festspiele S. 73

Fischteiche und dichter Wald umgeben die Burg.

Posten oberhalb der Handelsstraße

Mächtige Bäume vor der oberen Burg

Die aufwendig restaurierte Georgskapelle

Burg Schnellenberg

Geschichte

Im Mittelalter war die Heidenstraße seit dem 8. Jahrhundert der wichtigste Heer- und Handelsweg für das Sauerland. Er führte mitten durch die Stadt Attendorn und überquerte dort die Bigge. Zu Beginn des 13. Jahrhunderts ließ Erzbischof Engelbert I. den jüngst Stadt gewordenen Ort Attendorn nicht nur befestigen, sondern zur Sicherung der Heidenstraße 1222 auch die Burg Schnellenberg auf einem Sporn des Rappelsbergs errichten. Dies geschah nach einem Übereinkommen mit den Grafen von der Mark, die zwei Lehen im Bereich der oberhalb der Bigge gelegenen Burg erhielten. Nach der für das Kölner Erzbistum verhängnisvollen Schlacht von Worringen im Jahr 1288 musste Engelbert die nächstgelegene Kölner Festung, die Burg Waldenburg, an die Grafenfamilie von der Mark abtreten. Johann von Plettenberg, Marschall des Herzogtums Westfalen, nahm sich 1291 der Burg Schnellenberg an und ließ diese weiter ausbauen und befestigen. 1300 jedoch fiel die Burg Waldenburg ans Erzbistum Köln zurück, dadurch verlor die Burg Schnellenberg zusehends an Bedeutung. Sie diente schließlich Kölner Burgleuten nur noch als Wohnsitz, auch die Herren von Plettenberg verloren ihr Interesse an dieser Festung. 1333 kehrten sie ihr endgültig den Rücken. Ihr Lehen mitsamt eines Amtshauses übernahm das westfälische Adelsgeschlecht Vogt von Elspe. Die Familie erhielt aus Köln immer wieder Aufträge zu Aus- und Umbauten der Anlage, um 1400 wurde sie mit einem eigenen neuen Burghaus belohnt. Mit dem jungen Geschlecht der Herren von Schnellenberg bewohnten die Grafen Vogt von Elspe die stattliche, weithin sichtbare Burg.

Caspar von Fürstenberg zu Bilstein (1545–1618) aber war es, der 1594 die heute noch gültigen Besitzverhältnisse herstellte: Der kurkölnische Drost der Ämter Bilstein und Waldenburg verhandelte mit den Grafen Vogt von Elspe und den Herren von Schüngel als Nachfolger der von Schnellenberg den Kauf der Festung – und erhielt den Zuschlag für jeglichen Besitz. Damit begann die große Karriere der Grafen von Fürstenberg, die aus dem Landadel des kölnischen Herzogtums Westfalen stammten und seit dem 15. Jahrhundert sowohl großes Ansehen als auch ein stattliches Vermögen angehäuft hatten.

Von 1599 bis 1606 erfolgte die Ausstattung der Kapelle im Obergeschoss des Bergfrieds. Sie wurde dem Heiligen Georg geweiht. 1608 zog Caspar von Fürstenberg endgültig auf Burg Schnellenberg ein und gab seinen vorherigen Wohnsitz Bilstein auf.

Ihr gegenwärtiges Aussehen erhielt die Burg Schnellenberg ab dem Jahr 1686 unter Ferdinand von Fürstenberg (1661–1718), in einer Zeit, als die Familie dauerhaft mit dem Amt der Droste Bilstein und Waldenburg ausgestattet war. Jetzt entstand an der Oberburg der mächtige Pavillonturm, danach folgte die Vorburg – ein Vorhaben mit einem Umfang, wie es ihn zuvor noch nie gegeben hatte. Sie diente als Jagdschloss und war als Herberge für Gäste gedacht, die dort auch ihre Pferde unterstellen

Gatronomie auf Burg Schnellenberg

konnten. 1710 waren jegliche Arbeiten beendet. Dabei bewohnte die Familie von Fürstenberg die Anlage schon nicht mehr dauerhaft: Man bevorzugte die Adolphsburg (bei Kirchhundem) und Schloss Herdringen (bei Neheim).

1889 legte ein Feuer die neue Vorburg in Schutt und Asche, sie blieb zunächst eine Ruine. Die Burg Schnellenberg war zu jener Zeit nur noch selten bewohnt, der obere Teil musste für verschiedene Verwendungszwecke, etwa als Jugendherberge, herhalten, bis 1946 mit dem Ausbau des Südflügels der ausgebrannten Vorburg zu einer Gaststätte mit Hotel neues Leben auf der Festung begann. 1979 erfolgte eine komplette Sanierung.

Anlage

Zunächst geht es über eine Steinbrücke und einen Graben. Zutritt zur Anlage bietet ein 1708 erbautes Vorwerk, das der Vorburg mit dem heutigen Restaurant und Hotel vorgelagert ist. Es besteht aus hohen Mauern und zwei niedrigen Ecktürmen. Es folgt ein schlichter Torbogen, in dem ein Pförtnerpavillon untergebracht ist. Mittelalterliche Abwehrmechanismen treffen hier auf die Architektur des Barock. Dahinter liegt der Innenhof der Vorburg mit Außengastronomie, der auf der gegenüberliegenden Seite, zur Oberburg hin, stark ansteigt. Dort ist die höchste Stelle des Bergsporns. Ein Halsgraben trennt das Gebäude vom Hof. Es ist quadratisch gebaut, und der Bergfried ist gleichzeitig ein Torturm und Durchlass zum oberen Innenhof. Ein echtes Schmuckstück ist die Georgskapelle, die im Originalzustand von 1600 erhalten ist und deren rund 500.000 Euro teure Restaurierung fünf Jahre dauerte.

Zum Gebäudeensemble zählen weiterhin der mächtige, quadratisch angelegte Pavillonturm von 1686 und ein schlichter, heute nicht mehr in voller Höhe erhaltener Rundturm. Die Burganlage ist von Wald und Fischteichen umgeben.

Heutige Nutzung

Seit 1928 führt die Pächterfamilie Bilsing den Hotel- und Restaurantbetrieb auf Burg Schnellenberg. Der frühere Dachdecker Norbert Bilsing begann indes mit einer Pension in der unteren Burg, während in den übrigen Gebäuden ein Naherholungsheim für Eisenbahner untergebracht war. Heute hat das Haus vier Sterne und 42 Zimmer, verteilt auf Unter- und Oberburg. Die Anlage steht Besuchern offen, vor der oberen Burg ist jedoch Endstation. Die Oberburg mit ihrer Kapelle und dem Rittersaal sowie die Schatzkammer im Vorwerk sind aber Ziele der Führungen am Sonntag, an denen man nach Anmeldung an der Hotelrezeption teilnehmen kann.

Weiter nur mit Führung: Die obere Burg ist nicht frei zugänglich

1 Atta-Höhle

(1,7 km von Burg Schnellenberg)

Sinterfahnen wachsen langsam, ungefähr einen Millimeter gewinnt ein solches Kalkgestein in zehn Jahren an Größe. Wer durch die Attendorner **Atta-Höhle** wandert, sieht viele solcher fragilen Fahnen, die wie weiße Wäsche von der Decke hängen. Die **Tropfsteinhöhle** gilt als eine der schönsten ihrer Art in Deutschland, die meistbesuchte ist sie allemal. Sie liegt auf dem Gelände der früheren **Biggetaler Kalkwerke** und wurde am 19. Juli 1907 bei Abbrucharbeiten entdeckt und noch im selben Jahr erschlossen. Ihre Geschichte beginnt vor rund 400 Millionen Jahren – **im devonischen Zeitalter** und als an der Stelle des heutigen Felsens ein Meer wogt. Die dicht mit **Stalaktiten** und **Stalagmiten** – die größten messen 4 Meter – bewachsene Urlandschaft ist auf einer Länge von fast 7 Kilometern erforscht, die Besucher wandeln bei einer Temperatur von konstant 9 Grad Celsius auf einer Strecke von etwa 560 Metern durch die bizarre Urlandschaft, durch die **Alhambra-Grotte** etwa, und durch die Wolkenhalle mit ihren Tempelsäulen, am **Kristallsee** vorbei und durch den **Arkadengang.** Die tiefste Stelle liegt 100 Meter unter Felsen.

2 Elspe-Festival/Karl-May-Festspiele

(15 km von Burg Schnellenberg)

„Mein Bruder!" Mit großer Geste begrüßt **Winnetou** seinen Blutsbruder **Old Shatterhand.** Bei den **Karl-May-Festspielen** auf dem 120.000 Quadratmeter großen **Elspe-Festival-Gelände** werden

Bizarre Landschaft in der Atta-Höhle

Natur + Erlebnis

Atta-Höhle

Finnentroper Straße 39, 57439 Attendorn, Tel. (0 27 22) 9 37 50, mit Ausnahmen tägl. geöffnet, zu monatlich wechselnden Zeiten, 8,50 € > **www.atta-hoehle.de**

Essen + Trinken

Landhotel und Wandergasthof Sauerländer Hof

Südstraße 35, 59889 Eslohe, Tel. (0 29 73) 9 79 60, Di.–So. 11.30–23 Uhr

> **www.sauerlaender-hof.com**

Blutsbrüder langen zu: Winnetou und Old Shatterhand bei der Arbeit

die Romanfiguren, der edle Apachenhäuptling und der kantig-deutsche Vermessungsingenieur, lebendig. Schauplatz ist die 100 Meter breite Naturbühne mit Westerndorf und zerklüfteter Felsenlandschaft. Mehr als 60 Schauspieler und Stuntleute sowie mehr als 40 Pferde sind an der Inszenierung einer einzigen Geschichte des deutschen Schriftstellers **Karl May** (1842–1912) beteiligt.

Schüsse krachen, Eisenbahnen fauchen, ein Saloon geht in Flammen auf und ein Raddampfer versinkt rauchend im Silbersee – laute Action trifft hier auf herrlich nostalgisches Spektakel, die humorvollen Aufführungen wirken aus der Zeit gefallen. Mehr als 4000 Zuschauer fasst das **Freilufttheater** unter einem gigantischen Zeltdach. Gespielt wird bei jedem Wetter. Auch das **Zusatzprogramm,** vor allem die **Greifvogelshow,** ist lohnenswert.

Info

Elspe-Festival

Zur Naturbühne 1, 57368 Lennestadt, Tel. (0 27 21) 94 44-0, geöffnet während der Spielzeit 10–18 Uhr, Aufführung ab 14.45 Uhr, ab 19,90 €

➤ **www.elspe.de**

10 Ruinen Eibach und Neuenberg

Adressen
Ruine Eibach,
Eibachstraße, 51789 Lindlar,
Ruine Neuenberg,
Neuenbergstraße, 51789 Lindlar, jederzeit geöffnet, Eintritt frei

Anfahrt PKW
A 4 bis AS 23 Engelskirchen, in Richtung Lindlar/Engelskirchen/Ründeroth fahren, L 302 bis Kaiserau, dann links abbiegen auf Montanusstraße, nach 1,5 Kilometern rechts auf Kirchweg, dann links auf Jan-Wellem-Straße, nach 1 Kilometer weiter auf der Eibachstraße, beide Ruinen sind mit Holztafeln bestens ausgeschildert;

Ruine Eibach: Parkplatz am Gelände (GPS 51.054021, 7.451349),

Ruine Neuenberg: Wanderparkplatz Neuenbergstraße (GPS 51.053978, 7.441150)

Anfahrt ÖPNV
Ab Bf. Gummersbach, Bus 316 in Richtung Gummersbach-Hülsenbusch/Berghausen bis Gummersbach-Hülsenbusch, Nochern, etwa 3 Kilometer Fußweg. (Museumseisenbahn Mai–Okt. Di., Do., Sa./So.) bis Oberzissen, 1 Stunde Fußweg

Außerdem sehenswert:

① Aggertalhöhle S. 80 ② Bergisches Drehorgelmuseum. 81

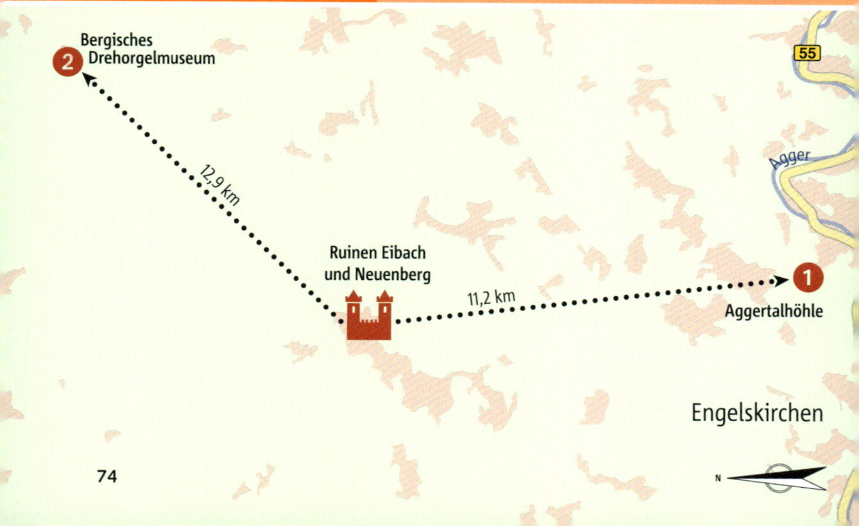

Romantische Reste

Enten und Wildvögel: Die neuen Bewohner der Ruine Eibach

Blick auf die Ruine Eibach vom Picknickplatz

Ruinen Eibach und Neuenberg

Geschichte

Ruine Eibach

Mit der urkundlichen Erwähnung Engelberts von Eibach im Jahr 1356 als Zeuge eines Rechtsgeschäfts fällt auch der Name der Wasserburg Eibach zum ersten Mal. So geht die Forschung davon aus, dass die Anlage im selben Jahrhundert errichtet wurde. Es heißt aber auch, dass an selber Stelle bereits im 10. Jahrhundert ein Adelshaus gestanden habe. Zuletzt, 1470, lebte Friedrich, ältester Sohn eines Ägidius von Neuhof, auf Burg Eibach. In späteren Jahren, so heißt es, gelangte der Eibacher Zweig der von Neuhoffs, jetzt mit dem Beinamen „Ley", zu großem Wohlstand und in den Besitz öffentlicher Ämter. Wilhelm von Eibach etwa erhielt 1531 das bergische Amt Steinbach, 1533 wurde er zum Brückenmeister des Herzogtums Berg berufen und 1545 übertrug man ihm die Rentmeisterei.

In dieser Zeit wurde die Wasserburg Eibach deutlich ausgebaut, die nahe Burg Neuenberg verlor ihren Status als Amtssitz an das jüngere Bauwerk. Wilhelms gleichnamiger Sohn sollte später

als Marschall Ley in die Geschichte eingehen, als er 1603 Schloss Homburg in der heutigen Gemeinde Nümbrecht besetzen ließ. Jener Wilhelm soll Burg Eibach auch ihr letztes Aussehen verliehen haben.

Letzter Eigentümer der noch intakten Burganlage war die Familie Seraing. Doch in der Nacht vom 16. auf den 17. Dezember des Jahres 1782 wurde sie völlig zerstört, als ein Feuer auf der Burg tobte: Nur ein Turm und Teile der Vorburg blieben stehen. Dennoch kaufte Freiherr Johann Ludwig von Wallmoden, in dessen Besitz sich auch Schloss Gimborn befand, die Ruine. Ein geplanter S. 86 ▶ Wiederaufbau scheiterte aber. 1809 kam es zu einer Versteigerung: Bruchstücke von Burg Eibach wurden als Baumaterial veräußert. Danach ließ man die Ruine zurück.

Ruine Neuenberg

Eng mit dem Aufstieg und dem Schicksal von Burg Eibach verbunden war die ältere Nachbarburg Neuenberg (auch Neuenburg), deren erste Erwähnung in das Jahr 1160 als Besitztum des Grafen Adolf II. von Berg datiert. 1185 soll diese Höhenburg der Geburtsort des späteren Erzbischofs von Köln Engelbert I. gewesen sein. Allerdings werden auch das Jahr 1186 und Schloss Burg in Solingen mit der Geburt des später als „der Heilige" titulierten Mannes in Verbindung gebracht.

1273 jedoch wurde die Burg Neuenberg als Teil der Vogtei Gummersbach, sozusagen im Paket mit der nahen Wasserburg Gimborn, durch Graf Adolf von Berg an Graf Engelbert von der Mark verpfändet. 1640, im Dreißigjährigen Krieg, war Burg Neuenberg von schwedischen Truppen angegriffen und stark zerstört worden. Danach wurde sie weitestgehend abgebrochen und als Ruine zurückgelassen, allerdings klaffen die Daten dafür auseinander: So heißt es zum einen, die Burg sei 1663 von örtlichen Bauern abgetragen oder bereits 1662 geschleift worden: Mit diesem Akt dokumentierte eigentlich der Sieger einer Schlacht seinen Erfolg. Umstritten ist, ob dabei wirklich eine gesamte Anlage dem Erdboden gleichgemacht wurde, oder ob es sich eher um einen symbolischen Akt han-

Mächtige Mauerreste der Burg Neuenberg

delte, bei dem nur eine einzige Wand eingerissen wurde. Zum anderen heißt es auf den Metalltafeln im Ort, die Burg sei 1691 abgebrochen worden. 1973 ließ der Oberbergische Kreis deren Reste sichern, um die Anlage zugänglich zu machen. Heute ist sie Eigentum des Freiherrn von Fürstenberg im nahen Gimborn.

Anlage

Ruine Eibach

Wie die Burg Eibach vor dem Brand ausgesehen haben könnte, offenbart eine Bleistiftzeichnung des wallonischen Künstlers Renier Roidkin (1684–1741), die wohl aus den 20er-Jahren des 18. Jahrhunderts stammt. Sie zeigt ein mehrgeschossiges Haupthaus mit einem Walmdach und einen runden Turm, der ein spitzes Helmdach trägt. Die Maße des gesamten Grundrisses liegen bei 15 mal 18 Metern. Von der Südfront des früheren Haupthauses stehen heute die höchsten Reste, auch ist 12 Meter hohes Mauerwerk des Rundturms zu sehen. Der rechteckige Wassergraben ist vollständig erhalten. Und dieser lässt sich auch nicht überwinden. Erhalten sind zudem der Gutshof Eibach und das alte Torhaus der Burg. Beide Immobilien sind bewohnt.

Ruine Neuenberg

Die Ruine von Burg Neuenberg liegt in einem dichten, sehr stillen Wald. Der Grundriss der Anlage ist mit 55 mal 40 Metern deutlich größer als bei der Nachbarburg Eibach. Auch lassen die Wallreste und die deutlich erkennbaren Gräben – an mancher Stelle etwa 10 Meter tief und 5 Meter breit – erahnen, wie mächtig diese Anlage auf einem rund 330 Meter hohen Plateau gewesen sein muss. Auch sind dicke Stücke der aus Bruchstein errichteten Wehrmauern zu erkennen. Einige Meter ragt der Rest der Torburg in die Höhe, er erinnert an einen Drachenzahn.

Heutige Nutzung

Die Ruine Neuenberg ist jederzeit zugänglich, die Ruine Eibach ist es nicht. Diese ist aber gut einsehbar. Neben dem Torhaus befindet sich ein idyllischer Picknickplatz mit Tischen und Bänken, auf den Wiesen ringsherum tummeln sich die Tiere vom Gutshof Eibach. Die Ruine ist bewohnt: Dort nisten Wildvögel, darunter Enten und Gänse. Und manchmal kann man beobachten, wie der Nachwuchs von einem hoch gelegenen Nest ins Wasser geschubst wird. Während diese Anlage gut mit dem Auto zu erreichen ist, muss man zur Ruine Neuenberg ein gutes Stück ab dem Wanderparkplatz Neuenbergstraße zu Fuß zurücklegen. Längst hat die Natur Besitz ergriffen von den Mauerresten, auf denen meterhohe Bäume wurzeln. Beide Ruinen liegen keine 2 Kilometer auseinander und lassen sich gut mit einer Wanderung verbinden: Startet man am Wanderparkplatz, liegt die Strecke bei knapp 5 Kilometern, beginnt man an der Ruine Eibach, sind es 4. Zudem lohnt sich ein Blick in das Tourenprogramm der Gemeinde Lindlar, in dem auch eine mittelschwere Rundwanderung mit einer Länge von 16,5 Kilometern enthalten ist. Sie führt zu beiden Ruinen.

Die Pfaffenritze: Nichts für Menschen mit Platzangst

Natur + Erlebnis

Aggertalhöhle,
Im Krümmel 39, 51766 Engelskirchen, Tel. (0 22 63) 7 07 02, Do.–So. 10–17 Uhr, 4 €
➤ **www.aggertalhoehle.de**

Essen + Trinken

Ufer's Bergische Stube
Engelskirchener Straße 2, 51789 Lindlar, Tel. (0 22 66) 68 35, Di.–So. ab 10 Uhr, warme Küche jeweils 12–14.30 und 18–21 Uhr
➤ **www.bergische-stube.de**

1 Aggertalhöhle

Wer in die **Aggertalhöhle** hinabsteigt, sollte weder Enge noch die Begegnung mit **Fledermäusen** fürchten. Auf einer Strecke von 270 Metern geht es durch die **Tonschieferhöhle.** Entstanden ist sie **im mitteldevonischen Zeitalter,** als das Bergische Land noch kein Land, sondern ein Meer war. Damit ist sie zwischen 382 und 393 Millionen Jahre alt. Tropfsteine gibt es nur wenige, weil Tonschieferplatten das Eindringen kalkhaltigen Wassers verhindern und sich somit kein Gestein dieser Art bilden kann. Dafür ist die Höhle reich an **Fossilien von Meerestieren.** Bergarbeiter hatten sie bereits 1773 entdeckt, als Schauhöhle erschlossen wurde sie jedoch erst 1930. Das gesamte Wegenetz misst mehr als 1000 Meter. Während der kurzweiligen Führungen mit der Expertin **Dr. Sylvia Tanneberger** durchwandern die Besucher den mit 18 Metern Höhe höchsten Raum der Höhle (**„Hoher Raum“**), den **Korallengang,** das **Wasserfass** und die **Kapelle.** Und sie dürfen sich an der Pfaffenritze versuchen, die nur 35 Zentimeter breit ist. Der Legende nach war dort 1890 ein Geistlicher bei einem Rundgang stecken geblieben und konnte nur mithilfe einer großen Menge Seife befreit werden. Aber keine Bange: Ein breiter, bequemer Weg führt an diesem Engpass vorbei. Auf die fliegenden Bewohner – **Großes**

Mausohr, Fransenfledermaus, Wasserfledermaus und **Kleine Bartfledermaus** – sollte man aber vorbereitet sein.

2 Bergisches Drehorgelmuseum

In einer kleinen, heute **entweihten Kirche** hat Dr. Ullrich Wimmer seine Schätze ausgebreitet: **Musikautomaten, Musikuhren, Walzen- und Plattenspieldosen und Drehorgeln** sind es, für die seit mehr als vier Jahrzehnten das Herz des Sammlers schlägt. Mit einem **selbstspielenden Klavier** hat einst alles begonnen: „Ich wollte eine Frau beeindrucken, war aber ein zu schlechter Musiker", begründet Wimmer die Anschaffung jener Maschine von 1914. Sie spielt **Robert Schumanns „Fröhlicher Landmann"** oder **Ernst Tochs Stück „Der Jongleur"**, das 1926 nur für einen Automaten geschrieben wurde. Heute kommen Liebhaber aus aller Welt zu ihm und seiner Frau Doris van Rhee. Seine Schmuckstücke, zumeist aus dem 18. und 19. Jahrhundert, sind allesamt in Schuss. Ihr Besitzer kann sie jederzeit zum Klingen bringen: Er füttert sie mit **Papierstreifen, Lochkarten oder Schellackplatten.**

Info

Bergisches Drehorgelmuseum
Kapellenweg 2-4, 51709 Marienheide, Tel. (01 76) 43 03 80 47
oder (01 76) 43 04 84 81,
geöffnet an Wochenenden,
nach telefonischer Ankündigung
> **www.leierkastenheiterkeit.com**

Hand an der Kurbel: Dr. Ullrich Wimmer

11 Schloss Gimborn

Adresse
Schloss Gimborn
Schlossstraße 10, 51709 Marienheide, Tel. (0 22 64) 40 43 30, gut einsehbare Anlage (nur geöffnet für Seminare, Tagungen und Hochzeiten)
➤ **www.ibz-gimborn.de**

Anfahrt PKW
A 4 in Richtung Frankfurt am Main/Olpe bis Ausfahrt Engelskirchen, dort in Richtung Lindlar/Engelskirchen/Ründeroth, nach etwa 2 Kilometern links abbiegen nach Neuremscheid, etwa 6 Kilometer geradeaus, dann leicht links abbiegen in Richtung Schlossstraße; Parkplätze im Ort
(GPS 51.060514, 7.475437)

Anfahrt ÖPNV
Ab Bf. Engelskirchen Bus 333 in Richtung Wipperfürth bis Frielingsdorf/Kaiserau, dann mit Bus 308 in Richtung Marienheide bis Schloss Gimborn

Essen + Trinken
Schlosshotel Gimborn
Schlossstraße 15, 51709 Marienheide, Tel. (0 22 64) 85 01, Mi.–Fr. 11–21, Sa./So. 10–22 Uhr
➤ **www.schlosshotel-gimborn.de**

Außerdem sehenswert:

1 :metabolon S. 88
2 Eisenbahnmuseum Dieringhausen S. 89

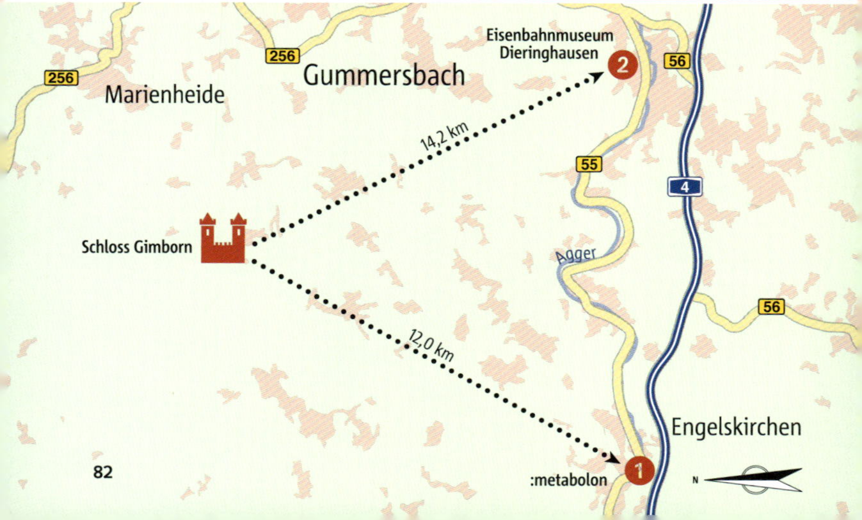

Sehenswertes Ensemble

Von allen Seiten gut einsehbar: Schloss Gimborn

Der erste Blick auf das Schloss

Schloss Gimborn

Geschichte

Von der ursprünglichen Festungsanlage, deren Wassergräben einst der Gimbach speiste und die der Ortschaft in der heutigen Gemeinde Marienheide den Namen gab, ist nur noch wenig zu sehen, auch die Gräben sind kaum noch auszumachen. Das Schloss Gimborn ist wesentlich jünger, sein Entstehen wird meist auf das Jahr 1612 datiert. Reste eines Turms und einer Wehrmauer gingen in dem Neubau auf.

Nach heutigem Kenntnisstand dienten die Wasserläufe weniger der Verteidigung, sondern vielmehr zur Entwässerung und Trockenhaltung der Anlage, entspringt der Gimbach doch im unterirdischen Verlies. Sein Wasser speist bis heute den Schlossteich.

Als Name einer offenbar sehr alten Adelsfamilie tauchte Gimborn erst zu Beginn des 15. Jahrhunderts mit dem Herrn Johann von Ginburne in den Schriftquellen erstmals auf. Johann machte auf Seiten der Grafen von Berg Karriere: 1402 als bergischer Lehnsmann bezeugt, stieg er 1404 zunächst zum Amtmann von Steinbach auf, 1413 wurde Johann Schultheiß von Siegburg. Die heutige Kreisstadt zählte damals zur Grafschaft Berg, wie aus der Bergischen Ämterverfassung von 1363 hervorgeht.

Mit dem Tod des Vaters Heidenreich von Kreuwel begann eine Reihe zahlreicher Bewohnerwechsel durch Hochzeiten und Erbfolgen, durch Verpfändungen, die Pest und den Dreißigjährigen Krieg. Bestehen aber blieb die Lehnshoheit des Kölner Gereonsstifts über die Anlage im Lennetal. Das Geschlecht von Gimborn erlosch.

1612 war Burg Gimborn schließlich in Besitz des Grafen Adam vom Schwarzenberg, dem die jüngere Forschung auch den Umbau der Anlage zu einem

Schloss zuschreibt. Ein größeres Torhaus mit mehreren Geschossen wurde errichtet, 1613 kam ein Wehrturm mit Schießscharten und einer Abortanlage hinzu. 1614 gesellte sich zu den vorhandenen Stallungen ein weiteres Wirtschaftsgebäude, das sein Bauherr in einem rechten Winkel zu den älteren Gebäuden anordnen ließ. Vorerst erhalten, dann aber im 19. Jahrhundert abgetragen, wurde das alte Burghaus. 1630 wurde das Schloss Residenz der Grafschaft Gimborn-Neustadt und erhielt 1636 die Anerkennung als freie Reichsherrschaft durch Kaiser Ferdinand II. Seither existierte der Name Schwarzenbergisches Land, das allerdings im 19. Jahrhundert an das Herzogtum Berg fiel. Zwar blieben bis 1782 das Schloss und alle Privilegien im Besitz der Grafen von Schwarzenberg, doch diente es nur noch Amtsmännern als Wohnsitz. Ende des 18. Jahrhunderts kaufte Generalmajor Freiherr Johann Ludwig von Wallmoden das Anwesen für 700.000 Gulden. Für seine Geschäfte ließ er ein Fachwerkgebäude gegenüber errichten, das heutige Schlosshotel Gimborn. Lange blieben die Herren von Wallmoden nicht im Bergischen, ihnen folgten erneut etliche Besitzer, bis 1874 Schloss Gimborn durch einen weiteren Verkauf Eigentum des Freiherrn Franz-Egon von Fürstenberg wurde. Er stammte aus Körtlinghausen im Sauerland. Bis heute ist es in Familienbesitz.

Anlage

Das heutige Aussehen von Schloss Gimborn geht im Wesentlichen auf den größten Umbau im Jahr 1612 zurück. Der stattliche Turm erinnert zwar mit seiner Bauweise an das Mittelalter, doch wird sein Bau dem 17. Jahrhundert zugerechnet. Der seitliche Arkadengang ist wesentlich jünger. Turm, Haupthaus und Wirtschaftsgebäude prägen heute die Anlage, gemeinsam mit der Kirche Sankt Johannes Baptist und dem Schlosshotel ergibt sich ein wunderbares Ausflugsziel. Neben der Kirche steht die Arme-Seelen-Kapelle, die im 14. Jahrhundert errichtete und nicht genauer datierte Burgkapelle. Zwei Glocken von 1320 und 1340 sind erhalten.

Heutige Nutzung

Die Schlossanlage ist seit 1970 ein Seminar- und Tagungszentrum, sie wird etwa von der International Police Association genutzt. Betreiber ist der örtliche Verein Informations- und Bildungszentrum (IBZ) – Schloss Gimborn. Zugänglich sind das Schloss und sein Park mit dem großen Teich zwar nicht, doch führt eine höher gelegene Straße rund um die gesamte Anlage, die aufgrund ihrer Tallage bestens einsehbar ist und etliche Fotomotive birgt. Auch umgibt ein Kreuzweg den Ort. Zudem hat Peter Freiherr von Fürstenberg seine Wohnung auf Schloss Gimborn, das damit das einzige Schloss im Oberbergischen Kreis ist, das der adlige Besitzer selbst bewohnt. Es gilt als eines der schönsten im Kreis. Jedoch gibt es eine Reihe von Schauergeschichten: So soll in Vollmondnächten ein junges Geisterpaar auf Schloss Gimborn anzutreffen sein, auch soll dann ein schwarzer Hund, rostige Ketten hinter sich herziehend, um den Schlossteich jagen.

1 :metabolon

(12 km von Schloss Gimborn)

Wer **:metabolon** erklimmen will, muss zunächst **360 Stufen** hinter sich lassen. Doch der Gipfel der früheren **Mülldeponie an der Leppe** ist noch lange nicht erreicht: Steil, aber stufenlos führt das letzte Stück auf die Höhe von 350 Metern. Das (ober-) bergische Panorama ist dann ebenso atemberaubend wie der mühevolle Aufstieg. Hinunter geht es schneller: Eine **110 Meter lange Edelstahlrutsche** mit zwei Bahnen bringt kleine und große Besucher ein gutes Stück bergab. Sie gilt als die längste Rutsche ihrer Art bundesweit. 2011 wurde die Attraktion in der Lindlarer Ortschaft Remshagen eröffnet, sie ist sowohl **Spaßpark** mit zwei Riesenrutschen, **Segway-Strecke** und **Bike-Parcours** inklusive Pumptrack als auch Wissenshort: Am Fuß des Deponiekegels, in der Mitte des 45 Hektar großen Geländes, klären die Macher im **Bergischen Energiekompetenzzentrum** auf, dass Abfall heute eine wertvolle Ware und ein Gut ist, dessen Wert mit dem Wegwerfen erst beginnt. So ist der Name :metabolon von Metabolismus, Stoffwechsel, abgeleitet. Zudem klärt eine 350 Quadratmeter große Ausstellung mit Exponaten von 30 Fachfirmen zum Beispiel über **den zeitgemäßen Hausbau** und die **energetische Sanierung von Altbauten** auf, Beratungstermine können vereinbart werden. Der Klimaschutz ist ein weiteres großes Thema. Ebenfalls vertreten ist die Stiftung „Haus der kleinen For-

Natur + Erlebnis

:metabolon
Braunswerth 1-3, 51766 Engelskirchen, Tel. (08 00) 8 05 80 50,
Mo.–Fr. 10–17, Sa. 10–16,
So. 11–16 Uhr,
Rutsche: Sa./So. 14–18 Uhr,
Eintritt frei > **www.metabolon.de**

Essen + Trinken

Artgenossen
Pollerhofstraße 35, 51789 Lindlar,
Tel. (0 22 66) 90 12 80,
Di.–Sa. 17–23 Uhr

Auf der Rutsche rasant den Berg hinab

scher", auch kann sich der Besucher in einem **Bistro** (geöffnet Mo.–Fr. 11–17 Uhr) von allen Strapazen erholen.

Info

Eisenbahnmuseum Dieringhausen
Hohler Straße 2, 51645 Gummersbach, Tel. (0 22 61) 94 76 29 und (0 22 61) 7 75 97, Sa. 10–17 Uhr sowie an Fahrtagen, 4 €
➤ **www.eisenbahnmuseum-dieringhausen.de**

2 Eisenbahnmuseum Dieringhausen

(14,2 km von Schloss Gimborn)

Gearbeitet wird im **Eisenbahnmuseum Dieringhausen** immer. Vereine, Stiftungen und Privatleute parken ihre historischen Schienenfahrzeuge in den **elf Ständen des 1905 errichteten Ringlokschuppens** oder auf den Gleisen des 11.000 Quadratmeter großen Geländes, dem im April 1982 stillgelegten **Güterbahnhof.** Und die Tüftler lassen sich gern über die Schulter schauen. Seit 1982 ist dort die **Interessengemeinschaft Bahnwerk Dieringhausen** ansässig. Sie organisiert Dampffahrten mit der Lok **„Waldbröl"**, Baujahr 1914, und dem **Zug „Bergischer Löwe"** auf der Strecke der Wiehltalbahn mit jährlich 6000 Eisenbahnenthusiasten an Bord. Alle Anlagen des historischen und als Denkmal geschützten **Dampfbahnbetriebswerks** sind erhalten, etwa die **Drehscheibe des Lokschuppens, Sturzbekohlungsturm, Kohlenbunker, Wasserkräne und natürlich Werkstätten.** Für Liebhaber kleiner Formate gibt es überdies den Ausstellungs- und Informationswagen des „Spur-Z-Stammtischs" aus Untereschbach.

12 Schloss Morsbroich

Adresse
Schloss Morsbroich
Gustav-Heinemann-Straße 80,
51377 Leverkusen,
Tel. (02 14) 85 55 60,
Di./Mi./Fr./Sa./So. 11–17,
Do. 11–21 Uhr, 5,50 €
➤ **www.museum-morsbroich.de**

Anfahrt PKW
A 3, AS 24 Leverkusen,
dann der Beschilderung folgen;
Parkplatz am Schlossgelände
(GPS 51.036136, 7.033227)

Anfahrt ÖPNV
Ab Bf. Leverkusen oder ab Düsseldorf, S-Bahn 6/Regionalexpress 1/5 bis Bf. Leverkusen-Mitte, dann mit Bus 212 bis Schloss Morsbroich

Essen + Trinken
Restaurant Schloss Morsbroich
Tel. (02 14) 96 00 45 64,
Mo.–Do. 11.30–22, Fr. 11.30–23,
Sa. 10–23, So. 10–21 Uhr
➤ **www.museum-morsbroich.de**

Außerdem sehenswert:

1 Naturgut Ophoven S. 96   2 Japanischer Garten S. 97

Ein Lustschloss
für die Kunst
Der große Spiegelsaal von Schloss Morsbroich

Schloss Morsbroich

Geschichte

Äußerst umstritten sind Bau- und Entstehungsgeschichte von Schloss Morsbroich, ein wahrscheinlicher Beginn wurde bisher nicht gefunden. Immerhin, und da besteht weitestgehend Konsens, verortet man diesen in der ersten Hälfte des 13. Jahrhunderts, da um 1225 erstmals eine Familie von Moir aus dem niederen Adel erwähnt worden war, die dann ab dem späten 14. Jahrhundert auch den Namenszusatz „Broich" führte. Doch erst 1488 wurde ihr Stammsitz erstmals bezeugt, als ein Hof zu Broiche. Da aber war bereits die Familie von Zweiffel als Erbberechtigte im Besitz des Anwesens. 1561 waren die Besitzverhältnisse so ungeordnet, dass sie sogar schriftlich dokumentiert werden mussten. Weitere Besitzer folgten, bis zuletzt die Herren von Elverfeldt Morsbroich im Jahr 1619 an Adolf von dem Bongardt und damit an den Deutschen Orden verkauften. Fortan war die Anlage Sitz des Verwalters der Ordensprovinz, einer Ballei, mit Hauptsitz in Koblenz. Der Landkomtur und Freiherr Ignaz Felix von Roll zu Bernau, einer jener Verwalter, nahm in den Jahren zwischen 1772 und 1774 wohl die größten baulichen Veränderungen an der Anlage vor, nachdem unter seiner Leitung 1757 weite Teile der Gebäude abgerissen worden waren. Deren Zustand beschrieb er als ruinös. Er plante für den Wiederaufbau ein Vergnügungsschloss im Stil des Rokoko.

Ab 1803, nach der Verstaatlichung des Geländes, gelangte es 1806 in französischen Besitz. Erneut kam es danach zu einer Reihe von Eigentümerwechseln, bis 1857 der Samt- und Seidenfabrikant und Sozialpolitiker Friedrich Diergardt (1795–1869) aus dem niederrheinischen Moers das Gut Morsbroich erwarb. In den Adelsstand erhoben, baute die Industriellenfamilie in den Jahren von 1883 bis 1887 das Herrenhaus erheblich um und vergrößerte es durch zwei neue Flügel, auch wurde ein Landschaftspark nach englischem Vorbild geschaffen. Zunächst als Pächter 1949, dann 1974 durch Kauf für 3 Millionen D-Mark übernahm die Stadt Leverkusen das im Zweiten Weltkrieg immens beschädigte Areal, sanierte es und richtete dort schon 1951 ein Kunstmuseum ein.

Anlage

Das Schlossensemble ist ringförmig angelegt, darum erstreckt sich der Park. Mittelalterliche Spuren sucht man vergeblich, in seiner Erscheinung entspricht das Ensemble dem Aussehen im späten 19. Jahrhundert als Maison de Plaisance (Lustschloss). Davor, in einem Halbkreis angeordnet, ist die eingeschossige Vorburg, deren Anfänge bereits im 17. Jahrhundert liegen. Dort sind heute unter anderem das Restaurant und der Sitz des Leverkusener Kunstvereins zu finden. In der Mitte der Anlage tanzen die Fontänen eines Brunnens, der selbst Kunstwerk ist: Water Island heißt die sprudelnde Arbeit des dänischen Bildhauers Jeppe Hein (geboren 1974), der in Berlin lebt. Auf der Rückseite des barocken Schlossgebäudes ist eine Freiluftbühne für den Morsbroicher Sommer mit Segeltuchdach aufgebaut, vereinzelte Skulpturen stehen dort im Grünen.

Heutige Nutzung

Nach dem Zweiten Weltkrieg und seiner Eröffnung 1951 ist Schloss Morsbroich das erste Museum in Nordrhein-Westfalen, das sich allein der zeitgenössischen Kunst verpflichtet. 2009 wurde es zum deutschen Museum des Jahres gekürt. Dabei bietet es nicht nur zehn bis zwölf Ausstellungen im Jahr einen Platz, sondern es finden dort auch Konzerte und andere Veranstaltungen statt. Das Haus verfügt über einen großen und einen kleinen Spiegelsaal, der kleinere steht für Hochzeiten zur Verfügung. Links vom Eingang befindet sich das in Brauntönen gehaltene, stark historisierende Jagdzimmer, in dem Gäste Erfrischungen zu sich nehmen können.

Eingang zum Kunstmuseum

Schrott, der heute Sonnenstrahlen fängt.

Natur + Erlebnis

Naturgut Ophoven

Talstraße 4, 51379 Leverkusen, Tel. (0 21 71) 73 49 90, Di.–Fr. 9–18, Sa./So. 10–18 Uhr, 6 €

➤ **www.naturgut-ophoven.de**

Essen + Trinken

Zum Löwen

Kaiser-Wilhelm-Allee 3, 51373 Leverkusen, Tel. (02 14) 3 02 46 66, Mo.–Fr. 11.30–14.30 und ab 17, Sa. ab 17, So. ab 15 Uhr

➤ **www.gastronomie.bayer.de**

1 Naturgut Ophoven

(7,1 km von Schloss Morsbroich)

Man muss genau hinsehen, um das Mittelalterliche auf dem **Naturgut Ophoven** zu erkennen: Von der **einstigen Wasserburg** des Ritters **Jakob von Uphoven** aus dem späten 13. Jahrhundert ist heute nur noch dieses eine jüngere Gebäude aus dem 15. Jahrhundert erhalten. Es ist weiß getüncht und hebt sich zumindest durch seine Farbe von den übrigen Gebäuden des Landguts ab. Nach seiner Sanierung von 1998 bis 2002 entspricht es wieder dem Aussehen von 1452. Darin untergebracht waren die Küche und ein größerer Saal. Kamin und Backofen stammen aus dem 15. Jahrhundert. Beide Räume sind heute Klassenzimmer: Seit 1984 ist das 60.000 Quadratmeter große Gelände ein **Natur- und Umweltzentrum mit üppigen Gärten, Kräuterbeeten, Teichen** und **Kunst, das auch noch Energie spendet.** Alte Autobahnschilder formen eine gigantische Blume, die mit ihrer Blüte Sonnenstrahlen einfängt. Für junge Besucher gedacht ist das Kinder- und Jugendmuseum „EnergieStadt“ mit Spielen und Experimenten zum Thema Energie. Ein Biobistro ist auf der Anlage ebenfalls geöffnet. Rund 150 Besucher steuern das Naturgut täglich an. Mehr als 200 Kurse und Seminare stehen pro Jahr zur Auswahl.

2 Japanischer Garten

(6,8 km von Schloss Morsbroich)

Info

Japanischer Garten

Kaiser-Wilhelm-Allee, 51373 Leverkusen, Mai–Sept. tägl. 7–20 Uhr, Eintritt frei ➤ **www.bayer.de**

Mittagszeit im **Japanischen Garten.** Im Sonnenlicht blitzen und blinken Mitarbeiterausweise in ihren Plastikhüllen. Doch nicht nur den Angestellten des Bayer-Konzerns ist der Besuch des rund 15.000 Quadratmeter großen Geländes am Rand des **Chemieparks** vorbehalten: Das Gelände mit seinen **Bachläufen, Wasserfällen, Springbrunnen, Pagoden** und geschwungenen **Brücken** steht jedem Gartenliebhaber offen. **Ein Teehaus** und einen **Glockenturm** gibt es dort zwischen **Fächerahorn, Zierkirsche, Kamelie und Rhododendron** ebenfalls. Einen ersten Garten ließ der passionierte Bonsaizüchter und Bayer-Generaldirektor **Professor Carl Duisberg** (1868–1935) in den Jahren 1912 bis 1914 durch den Gartenbauinspektor **Richard Hartnauer** anlegen, allerdings an anderer Stelle, etwa 250 Meter entfernt. Der heutige Garten entstand 1960, darin mischt sich fernöstliche Gartenkunst mit europäischen Elementen. Er ist Teil des insgesamt 22 Hektar großen **Carl-Duisberg-Parks.**

Asien mitten im Bayer-Chemiepark

13 Schloss Heiligenhoven

Adresse
Schloss Heiligenhoven
Heiligenhoven 1, 51789 Lindlar, Tel. (0 22 66) 47 89 60, ganzjährig nur von außen zu besichtigen
➤ **www.lindlar.de**

Anfahrt PKW
A 4 bis AS 23 Engelskirchen, dann in Richtung Lindlar/Engelskirchen/Ründeroth, nach etwa 2 Kilometern links abbiegen auf Remshagener Straße, im Kreisverkehr zweite Ausfahrt (Kirschbäumchen) nehmen, danach im Kreisverkehr geradeaus auf Dr.-Meinerzhagen-Straße fahren, dann etwa 1 Kilometer weiter geradeaus auf Kölner Straße bis Schloss Heiligenhoven; Parkplatz am Gelände
(GPS 51.013953, 7.362083)

Anfahrt ÖPNV
Zum Beispiel ab Bf. Köln-Messe/Deutz mit der S-Bahn 1 in Richtung Bergisch Gladbach bis Im Hoppenkamp, von dort mit Bus 421 in Richtung Lindlar bis Falkenhof, etwa 500 Meter Fußweg.

Außerdem sehenswert:

1 LVR-Freilichtmuseum Lindlar S. 102 2 Oelchenshammer S. 103

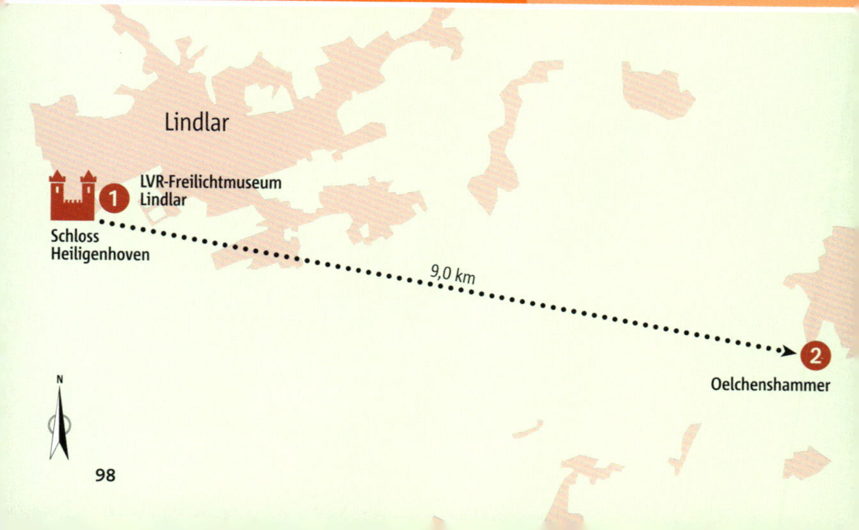

Die imposante Vorburg
von Schloss Heiligenhoven

Von der Burg
zum Herrenhaus

Schloss Heiligenhoven

Geschichte

Schloss Heiligenhoven war wohl eines von drei Herrenhäusern mit diesem Namen. Dieses Gebäude wurde daher auch Oberheiligenhoven genannt, der Name bezeichnete einen ehemaligen Hof oder eine Burg. Er wird meist auf eine alte Flurbezeichnung zurückgeführt: Hof in der Helling. 1363, in einer Urkunde vom 21. März, fand diese Benennung ihre erste schriftliche Niederlegung: Eine Gretin van heiligen hove wurde als Jungfrau des Klosters Drolshagen erwähnt. Gefunden wurde das Schriftstück im Archiv des 1803 aufgelösten Klosters.

1748 erwarb schließlich der Reichsritter und Schultheiß des Amts Steinbach, Johann Joseph von Brück, das Gut für 11.000 Reichstaler und ließ in den Jahren von 1758 bis 1769 ein neues Herrenhaus bauen. Damit erhielt das Ensemble aus Herrenhaus und Vorburg offenbar sein letztes Aussehen. Ein Wassergraben umgab das Haus, zu dem eine kleine Steinbrücke führte. Um 1800 wurde der Schlosspark nach dem Vorbild englischer Landschaftsgärten angelegt. In ihrer Zeit aber häufte die Familie von Brück einen so hohen Schuldenberg an, dass sie ihn nicht mehr abtragen konnte. Ein Verkauf war die Folge: Reichsfreiherr Clemens Lothar von Fürstenberg-Herdringen (1725–1791) wurde 1788 neuer Eigentümer von Schloss Heiligenhoven, das bis 1932 im Familienbesitz blieb. Seit 1874 war bereits das in der Nähe gelegene Schloss Gimborn im Besitz eines jüngeren Zweigs der Familie von Fürstenberg.

Nach 1925 wohnte auf Heiligenhoven allein Fernandine Theresia Freiin von Fürstenberg. Wirtschaftliche Not zwang sie jedoch, Grundstück für Grundstück aus diesem Besitz zu verkaufen, bis der damalige Kreis Wipperfürth das Schloss erstand und erste Maßnahmen zu dessen Erhalt traf.

Unter dem Regime der Nationalsozialisten diente das Schloss dem Reichsarbeitsdienst zunächst als Lager, bis 1940 dann dem Landdienst als Herberge. Von 1943 bis 1945 war es zudem eine Kölner Kommandostelle der Wehrmacht.

Elf Jahre später gehörte Schloss Heiligenhoven dann der Adam-Stegerwald-Stiftung, die darin eine Erholungsstätte führte – bis das Herrenhaus im März 1973 bei einem Brand im Inneren völlig zerstört wurde. Auch die Fassaden hatten starken Schaden genommen: Beim Wiederaufbau des Hauses erhielten sie neobarocke Züge. Die inzwischen als Denkmal geschützte Vorburg diente viele Jahre als Jugendherberge und Sitz einer Waldschule.

Anlage

Heute kann man das Ensemble von Schloss Heiligenhoven sowohl durch die Vorburg als auch durch Nebeneingänge an der Parkanlage betreten. Das Haupthaus präsentiert sich im äußeren Aussehen von 1825, als eine dritte Etage und ein Mansarddach aufgesetzt worden waren. Im Inneren aber ist es eingerichtet wie ein Verwaltungsgebäude der 1970er-Jahre, da man nach dem Feuer 1973 eher auf sachliche Zweckmäßigkeit Wert legte. Die heutige Gestalt der Vorburg geht derweil auf das Jahr 1881 zurück, als dieses Gebäude deutlich ausgebaut wurde. So wurden etwa Wagenremisen hinzugefügt. Im Zuge dieser Arbeiten wurden alte Wappensteine in die neuen Fassadenteile gefügt. Zwischen Herrenhaus und Vorburg befindet sich ein rechteckiger Brunnen.

Heutige Nutzung

Viele Jahre hatte der Landschaftsverband Rheinland Büros auf Schloss Heiligenhoven und verwaltete von dort das Lindlarer Freilichtmuseum, das nur wenige Hundert Meter entfernt liegt. Inzwischen ist der LVR ebenso ausgezogen wie die Jugendherberge, die ihren Platz in der Vorburg hatte. Unklar ist, was mit dem Ensemble passiert, nachdem ein niederländischer Investor es gekauft hat. Jüngsten Plänen zufolge soll dort eine Burnout-Klinik entstehen. Ob die Anlage damit auch weiterhin für Besucher geöffnet ist, erscheint fraglich. Durch den englischen Landschaftspark führt ein schöner Wanderweg zum Freilichtmuseum.

Auf der Reeperbahn entsteht ein Springseil

1 LVR-Freilichtmuseum Lindlar

(100 m von Schloss Heiligenhoven)

Ein Seil muss sterben, damit es locker und geschmeidig wird. **Stephan Thonett** erklärt an der Seilbahn (auch Reeperbahn) Schritt für Schritt, wie aus vielen Hanffäden zum Beispiel ein **Springseil** wird. Doch ist der Strang erst mal steif und starr. Erst das Sterben, der letzte Handgriff eines Seilers, macht ihn weich. **In der Seilerei des LVR-Freilichtmuseums** geht es auf 25 Hektar zu, wie im Bergischen vor 100 Jahren. Dabei ist jedes Gebäude echt: Am alten Standort behutsam abgebaut und in Lindlar wieder aufgestellt, spiegelt sich darin heute das bergische Leben von anno dazumal wider.

Natur + Erlebnis

LVR-Freilichtmuseum
Heiligenhoven, 51789 Lindlar, Tel. (0 22 66) 90 10-0, Di.–So., März–Okt. 10–18, Nov.–Febr. 10–16 Uhr, 6 €
➤ **www.freilichtmuseum-lindlar.lvr.de**

Essen + Trinken

Zum Holländer
Kölner Straße 6, 51789 Lindlar, Tel. (0 22 66) 66 05, Mo.–Sa. 11.30–14, 18–22 Uhr

Dort steht etwa ein winziges **Wohnhaus aus Hilden:** Auf 40 Quadratmetern lebten dort um 1900 zwölf Menschen. Und vieles im Museum ist in Bewegung: **die Seilerei etwa, die Sattlerei, die Schmiede Müllershammer, das Backhaus und die Bandweberei.**

Zu den jüngeren, translozierten Gebäuden (so heißt es technisch) gehört derweil der Kiosk aus Wermelskirchen mit seinem nostalgischen Angebot. Die **Bergische Kaffeetafel** und deftige Speisen aus der Region werden im „Lingenbacher Hof" serviert.

2 Oelchenshammer

(9 km von Schloss Heiligenhoven)

1787 lag im **Oelchenshammer** zum ersten Mal glühender Stahl auf dem Amboss. Das Wasser der Leppe setzt die Anlage am Rand eines Stauweihers in Bewegung. Bis 1947 wurde dort **bruchfester, aber elastischer Stahl** produziert. Dieser wiederum wurde für die Herstellung von Beilen, Äxten, Sägen und etlichen Messern benötigt, aber auch dünne Bänder für Öl- und Weinfässer entstanden in dieser Werkstatt. Und das können Schaulustige an den Vorführtagen, das ist jeder zweite Sonntag im Monat, erleben. Seit 1993 befindet sich die versteckt und idyllisch gelegene Anlage in der Obhut des LVR und gehört zum Engelskirchener **Industriemuseum** in der früheren **Baumwollspinnerei Ermen und Engels.**

Info

LVR-Industriemuseum Oelchenshammer

Oelchensweg, 51766 Engelskirchen-Bickenbach,
Tel. (0 22 34) 9 92 15 55,
Apr.–Okt., So. 14–18 Uhr
➤ **www.industriemuseum.lvr.de**

Die Schmiededhämmer sind heute noch in Bewegung.

14 Schloss Bensberg

Adresse
Schloss Bensberg
Kadettenstraße, 51429 Bergisch Gladbach, Tel. (0 22 04) 4 20, ganzjährig von außen zu besichtigen
➤ **www.schlossbensberg.com**

Anfahrt PKW
A 4 bis AS 20 Moitzfeld, am Ende der Ausfahrt links in Richtung Bensberg Mitte (Overather Straße), weiter bis zur nächsten großen Ampelkreuzung, dort wieder rechts (Am Stockbrunnen), an der nachfolgenden Ampel wieder links (Kadettenstraße), das Schloss umfahren; Parkplatz am Schloss (GPS 50.966914, 7.159984)

Anfahrt ÖPNV
Zum Beispiel ab Köln Hbf., ZOB Hbf. mit Schnellbus-Linie 31/42 bis Bensberg Bus-Bf., dann 5 Minuten Fußweg durch die Fußgängerzone in Richtung Schlossstraße.

Oder ab Bf. Köln-Messe/Deutz mit der S-Bahn 1 in Richtung Bergisch Gladbach bis zur Endstation, dann 5 Minuten Fußweg durch die Fußgängerzone in Richtung Schlossstraße.

Essen + Trinken
Gourmetrestaurant, Weinbar und weitere Angebote auf dem Gelände
➤ **www.schlossbensberg.com**

Außerdem sehenswert:

1 Villa Zanders S. 110
2 Schulmuseum Bergisch Gladbach S. 11

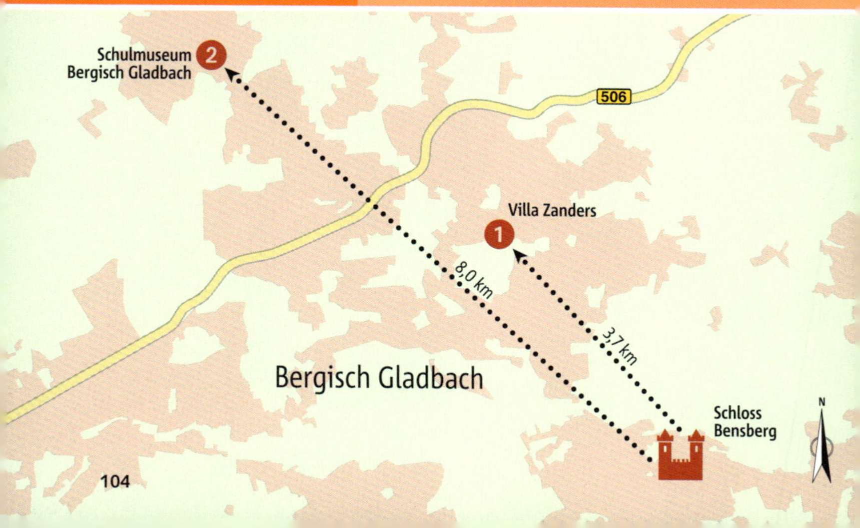

Aus Liebe erbaut

Gigantisches Bauwerk: Schloss Bensberg

Bei gutem Wetter reicht die Sicht bis nach Köln.

Schloss Bensberg

Geschichte

Ein Liebesbeweis könnte der Beginn der Baugeschichte von Schloss Bensberg sein. Bauherr des mächtigen Gebäudes war Kurfürst Johann Wilhelm II. von der Pfalz (1658–1716), Herzog von Jülich-Berg, ein passionierter Jäger. Vor allem im nahen Königsforst ging er oft auf die Pirsch und reiste dafür im Herbst von seiner Stammresidenz in Düsseldorf, damals Verwaltungssitz der Herzogtümer Jülich und Berg, nach Bensberg. In zweiter Ehe war der Herzog, den der Volksmund Jan Wellem nannte, mit Anna Maria Luisa de'Medici (1667–1743), der Tochter des Großherzogs Cosimo III. de'Medici von Toskana (1642–1723), verheiratet. Das Paar bewohnte zu dieser Zeit die alte Burg Bensberg. Auch Johann Wilhelms Gemahlin verliebte sich in die waldreiche und von Hügeln durchzogene Region, weil diese sie an die Heimat in Italien erinnerte. Doch wurde die alte Burg schnell zu eng für das große Gefolge.

So erhielt der Architekt und Baumeister Matteo Alberti aus Venedig (1647–1735) im Jahr 1703 den Auftrag, ein Jagdschloss an höherer Stelle und in Hanglage zu errichten. Er tat dies und wählte das Wiener Schloss Schönbrunn als Vorbild für die neue Anlage, die 1711 vollendet war. Weitere Einflüsse stammen aus Versailles und von Winchester Castle.

Zeitgenössische Künstler, ebenfalls aus Italien, gestalteten das Innere des prächtigen neuen Hauses. Dieses ist so ausgerichtet, dass die Bewohner sogar den Kölner Dom im Blick hatten. Zu den begeisterten Gästen zählte 1774 Johann Wolfgang von Goethe, der von Schloss Bensberg mehrfach in seinen Schriften schwärmte.

Lange sollte die Freude des Inhabers über sein neues Jagdschloss allerdings nicht währen: Er starb 1716. Seine Nachfolger kümmerten sich wenig um Schloss Bensberg, das damit bereits der Bedeutungslosigkeit und später auch dem Verfall preisgegeben war.

Tatsächlich wurde das Gebäude in folgenden Jahrzehnten vornehmlich militärisch genutzt, als Lazarett etwa und von 1840 bis 1918 als Kadettenanstalt des preußischen Heeres, nach dem Ersten Weltkrieg diente es den Besatzungstruppen als Kaserne. Danach gab es kaum noch Verwendung für das riesige Bauwerk, das nur sporadisch von der Stadtverwaltung und der katholischen Kirche genutzt wurde und bereits stark sanierungsbedürftig war. Zeitweise war es eine Unterkunft für Obdachlose. Danach richteten die Nationalsozialisten dort, zwischen 1935 und 1945, eine Nationalpolitische Erziehungsanstalt (Volksmund: Napola) ein. Zuletzt zog dort von 1965 bis 1999 mit dem Koninklijk Atheneum Bensberg ein belgisches Gymnasium ein. Seit 1988 stand das Schloss bereits unter Denkmalschutz. 1997 erfolgte zudem eine umfangreiche Sanierung des Gebäudebestands und das Fünf-Sterne-Hotel wurde eröffnet. Der Preis dafür lag nach Angaben des Käufers bei 75 Millionen Euro.

Trattoria Enoteca

Anlage

Die Mittelachse des symmetrischen Gebäudekomplexes ist exakt auf den Kölner Dom ausgerichtet, der auch heute noch von Schloss Bensberg aus zu sehen ist – am besten vom Balkon Bel Etage. Das Gebäude besteht aus einem Haupthaus und zwei lang gestreckten Seitenflügeln. Am Gebäude in der Mitte gut zu erkennen ist die frühere Durchfahrt für Kutschen: Dort befinden sich heute große Glastüren, hinter denen eine Hochzeitsdroschke steht. Man betritt die Anlage von der Kasernenstraße, deren Name an frühere Nutzungen des Komplexes erinnert, und durch ein Steintor. Dahinter stehen auf beiden Seiten die Kavaliershäuser, die wohl mit dem Schloss errichtet worden waren.

Gediegenes Ambiente: Eine der Hotelbars

Heutige Nutzung

Der Park des Fünf-Sterne-Grandhotels ist geöffnet, auch stehen dem Schaulustigen zwei Bars und zwei Restaurants, darunter das mit mehreren Sternen dekorierte Gourmetrestaurant Vendôme des Sterne-Kochs Joachim Wissler sowie das Jan Wellem und die Trattoria Enoteca, eine Weinstube, offen. Das Hotel an sich kann nur in Ausnahmefällen besichtigt werden.

In dieser Durchfahrt hielten früher die Kutschen mit den Besuchern.

Einladenes Entree: Die Villa Zanders

1 Villa Zanders

(3,7 km von Schloss Bensberg)

Einst war die **Villa Zanders** in der Stadtmitte von Bergisch Gladbach von einer üppigen **Parklandschaft** umgeben. Auch wenn der Garten heute deutlich kleiner ausfällt, so gibt er doch ein Gefühl davon, wie herrschaftlich das von 1873 bis 1874 errichtete **Stadtpalais** von **Maria Zanders** (1839–1904), der Witwe des Papierfabrikanten **Carl Richard Zanders** (1826–1870), wirkte. 1932 wurde das Haus Eigentum des alten Rheinisch-Bergischen Kreises und später der Stadt Bergisch Gladbach. Beide Verwaltungen richteten dort Büros ein. 1986 begann eine umfangreiche Sanierung, nach der die **Verwaltung für die städtischen Museen** und die **städtische Galerie** dort einzogen. Zum Bestand gehören die Archive der Museen sowie **Literatur, Karten- und Bildmaterial.** Im Keller ist eine **Fossiliensammlung aus der Paffrather Kalkmulde** eingelagert. Seit 1992, nach dem Abschluss der Renovierung, beherbergt die

Kunst + Kultur

Kunstmuseum Villa Zanders
Konrad-Adenauer-Platz 8, 51465 Bergisch Gladbach, Tel. (0 22 02) 14 23 56, Di.–Sa. 14–18, Do. 14–20, So. 11–18 Uhr
➤ **www.villa-zanders.de**

Essen + Trinken

Altes Amtshaus
Hauptstraße 12, 51789 Lindlar, Tel. (0 22 66) 46 46 46, Mo.–Di. 11.30–24, Do.–So. 11.30–24 Uhr
➤ **www.amtshauslindlar.de**

Galerie auf drei Etagen und einer Fläche von rund 1500 Quadratmetern Wechselausstellungen, überwiegend mit Werken **zeitgenössischer Künstler.** Zu den Schauräumen zählen auch der **Rote Salon** und das benachbarte **Musikzimmer** im Erdgeschoss. 80 Schüler finden heute Platz im **historischen Klassenzimmer.** Seit dem Jahr 2000 dokumentiert eine Dauerausstellung die **Geschichte der Volksschulen im Bergischen Land** von der Reichsgründung 1871 bis zur Auflösung der einklassigen Volksschulen 1968.

2 Schulmuseum Bergisch Gladbach

(8 km von Schloss Bensberg)

Wenn **Rose-Kaula Frewes** den Lehrstock in der Hand hält, sind auch die vorlautesten Kinder mucksmäuschenstill. Streng ging es zu in der Schule von anno dazumal, doch heute ist alles nur gespielt: Im **Schulmuseum,** das im Haus der früheren **Katterbacher Schule** untergebracht ist und jährlich rund 8000 Gäste anzieht, erleben kleine und große Besucher, wie der Unterricht damals, etwa zwischen 1888 und 1918, ablief. „Bis 1920 durften Lehrerinnen – wie Geistliche – nicht heiraten und mussten im **Zölibat** leben", erklärt die Pädagogin Rose-Kaula Frewes. Sie zeigt auch, wie der Schüler zu sitzen hatte: Der Rücken musste gerade sein, die Hände wurden gefaltet, die Füße standen fest auf dem Boden. „Augen und Verstand waren dem Lehrer zugewandt." Wer sich melden wollte, der hob den rechten Arm, dessen Ellbogen in der hohlen linken Hand darunter ruhte.

Info

Schulmuseum Bergisch Gladbach
Kempener Straße 187,
51467 Bergisch Gladbach,
Tel. (0 22 02) 8 42 47,
Mo.–Fr. 10–13, jeden ersten So.
im Monat 14–18 Uhr, 3 €
➤ **www.das-schulmuseum.de**

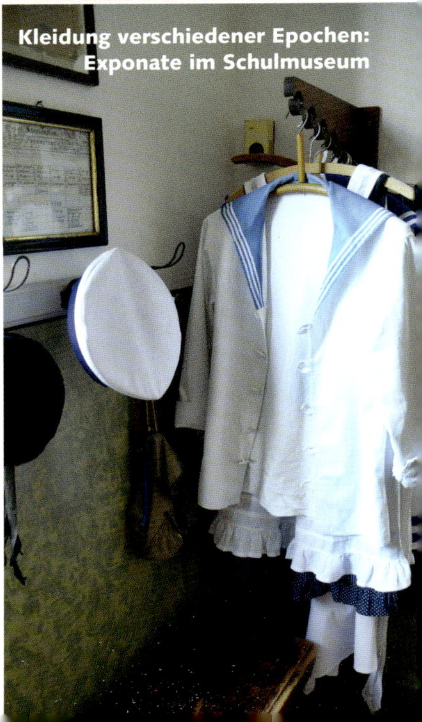

Kleidung verschiedener Epochen: Exponate im Schulmuseum

15 Burg Bensberg

Adresse

Alte Burg/Rathaus Bensberg
Wilhelm-Wagener-Platz 1, 51429 Bergisch Gladbach, Tel. (0 22 02) 14-0, ganzjährig von außen zu besichtigen
➤ **www.bergischgladbach.de**

Anfahrt PKW

A 4 bis AS 20 Moitzfeld, danach in Richtung Moitzfeld/Herkenrath/Kürten, nach etwa 2 Kilometern links auf Overather Straße, nach etwa 1 Kilometer rechts auf Straße Am Stockbrunnen, nach 500 Metern links abbiegen auf Kadettenstraße, dann wieder links in die Marktstraße, weiter auf der Engelbertstraße bis Wilhelm-Wagner-Platz; wenige Parkplätze an der Burg (GPS 50.964813, 7.162586)

Anfahrt ÖPNV

Zum Beispiel ab Bf. Köln-Messe/Deutz mit der S-Bahn 1 in Richtung Bergisch Gladbach bis Bensberg, etwa 250 Meter Fußweg

Außerdem sehenswert:

① Papiermühle Alte Dombach S. 116
② Malteser Komturei S. 117

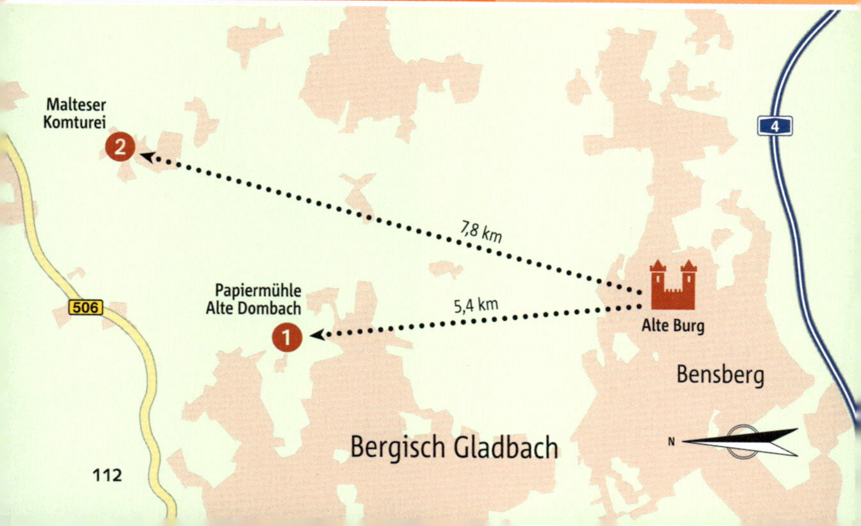

Eine Feste für die Bürokratie

Skuriles Bauwerk: Die Burg Bensberg

Burg Bensberg

Geschichte

Zumindest an einer Seite hatte ein Wassergraben die Burg Bensberg (auch Alte Burg oder Altes Schloss) gesichert. Und das schon im 12. Jahrhundert, als jenes wehrhafte Bauwerk mit Ringmauer und Zugbrücke bereits bestanden haben muss, wie archäologische Funde nahelegen. Wichtigste Aufgabe dieser Feste war wohl der Schutz der Straße zwischen Köln und Wipperfürth. Schriftliche Belege aus jener Zeit finden sich gleichwohl nicht, denn erst eine Urkunde von Erzbischof Arnold I. (1100–1151) von Köln von 1138/39 erwähnte das Bauwerk zum ersten Mal. Darin festgehalten wurde die Schenkung eines Gutes zu Braubach an die Michaelsabtei in Siegburg, als Zeuge unterzeichnete auch ein Wicherus de Benesbure das Schriftstück. Ein erster Ausbau wurde dem Kölner Erzbischof Engelberg I. von Berg zugeschrieben. 1247 zählte der Bau mit der Düsseldorfer Burg Angermund, Schloss Burg an
S. 180 ▸ der Wupper sowie Burg Windeck zu den wichtigsten Befestigungen im Bergischen.

In späterer Zeit verlor die Wehranlage an Bedeutung, sie wurde mehr und mehr Wohnort und dementsprechend angepasst. So findet sich ab 1413 häufiger der Name „Schloss", weniger taucht die Bezeichnung als Hof oder Haus Bensberg auf. Allerdings hatte sie mit der Bergischen Ämterverfassung von 1363 an öffentlicher Bedeutung gewonnen, auch sollte es fortan keinen Burgmann mehr geben, sondern einen Schultheiß, der in die Verwaltung des damaligen Amtsbezirks Porz eingebunden war. Als sich die Herzöge von Berg nach 1380 für Düsseldorf als Ort einer neuen Residenz entschieden hatten, schwand diese Bedeutung. Bensberg wurde zumeist als Witwensitz genutzt. Im Dreißigjährigen Krieg nahm das Schloss starken Schaden, auch sah sich der Besitzer Kurfürst Johann Wilhelm II. von der Pfalz bereits nach einem Platz für eine neue Residenz für seine Jagdaufenthalte um. 1703 erteilte er schließlich den Auftrag für ein neueres und größeres Schloss, das Platz genug bot für sein Gefolge und das seiner Gemahlin, Anna Maria Luisa de'Medici aus der Toskana. Als das Paar das Schloss aufgegeben hatte, verlor es rasch an Bedeutung. Und ebenso wie das neue Schloss Bensberg in späterer Zeit, so erlebte das ältere Gemäuer eine Reihe verschiedener Nutzungen vom Kloster bis hin zu einem Krankenhaus, das bis in die 1950er-Jahre Patienten aufnahm. 1962 beschloss der Rat der damaligen Stadt Bensberg, auf den Resten des Alten Schlosses ein neues Gebäude zu errichten: So entstand das Rathaus in den Jahren von 1964 bis 1969 und nach den Entwürfen des Kölner Architekten Gottfried Böhm. Zu seinen bedeutendsten Arbeiten zählt etwa der Mariendom in Velbert-Neviges.

Anlage

Erhalten sind zwei quadratische Wehrtürme, der Engelberts- und der Michaelsturm, als Eckpunkte einer früheren Vorburg, die heute den Zugang zum Innenhof des Gebäudes bergen, sowie ein großes Stück der fast 2 Meter starken Ringmauer aus Sandstein und Grauwacke-Bruchstein. Wer davon die andere Seite sehen will, muss den Ratssaal betreten: Dort wurde dieses Stück offengelassen. Neben dem Eingang zum Saal, rechter Hand, gibt es noch einen Kerker, in den Bensberger Hexen geworfen worden sein sollen. Am besten aber betrachtet man das Mittelalterliche von außen und aus dem Innenhof. Ebenso standhaft ist der Bergfried, der Engelsturm aus dem 12. Jahrhundert – ein Donjon, der auf die Ringmauer aufgesetzt und deutlich höher als die beiden übrigen Türme ist.

Heutige Nutzung

Heute ist die frühere Burg das Stadtteil-Rathaus von Bergisch Gladbach und daher nur während der Verwaltungszeiten zugänglich. Seit der kommunalen Neuordnung ist dort jedoch nur noch eine Abteilung ansässig, da das eigentliche Rathaus im Stadtzentrum steht. Aber die Sitzungen des Stadtrates und seiner Ausschüsse finden dort statt. Die Frage, ob das Gebäude sehenswert ist, muss der Betrachter wohl für sich entscheiden. Im Volksmund heißt der neu gebaute Treppenturm Affenfelsen, der Kölner Stadt-Anzeiger sprach dagegen anerkennend von einer neuen Akropolis und griff damit die Idee des Architekten Böhm auf, der seiner Arbeit ein Marktplatzkonzept zugrunde gelegt hatte.

Für das Zusammenwirken von mittelalterlichem Stein und grauem Beton mit der Architektur der späten 1960er-Jahre dürfte die Bezeichnung „skurril" eine durchaus zutreffende sein. Der Kerker, so heißt es aus dem Rathaus, werde nicht mehr genutzt – auch nicht als Arrestzelle während der Ratssitzungen.

Der Bensberger Ratssaal

1 Papiermühle Alte Dombach

(5,4 km von der Burg Bensberg)

Wer dem Schöpfer **Dietmar Stäbler** zusieht, erlebt, wie aus einer pappigen Pampe auf einem rechteckigen Gitter ein Blatt **Papier** entsteht. Gegenüber füllt sein Kollege **Klaus Klein** einen großen Bottich mit eben demselben Brei: An seiner Maschine, Baujahr 1957, entsteht das Papier fast ohne menschliches Zutun. Die Papiermühle Alte Dombach, seit 1999 ein Museum, zeigt 200 Jahre aus der Geschichte des dünnen Alltagsgegenstands, **von der Handarbeit geht es zur Massenproduktion,** vom Luxusgut zur Meterware, von der Herstellung aus Lumpen als Hauptzutat bis hin zur Verwendung pflanzlicher Rohstoffe und zum Recycling aus Altpapier in der Gegenwart. Maximal 11 Tonnen Papier liefen zum Beispiel über die 40 Meter lange und 5 Meter hohe **Papiermaschine 4** aus dem Werk Gohrsmühle von 1889, die in einer eigenen, 1870 dafür erweiterten Halle untergebracht ist. Von 1614 bis 1900 wurde in der Alten Dombach Papier produziert. Die **Firma Zanders,** deren Inhaberfamilie auch die S. 110▸ Villa Zanders gehörte, war damals der größte Papierhersteller weit und breit.

Papierschöpfer bei der Arbeit

Kunst + Kultur

LVR-Museum Papiermühle Alte Dombach, Alte Dombach 1, 51465 Bergisch Gladbach, Di.–Fr. 10–17, Sa.–So. 11–18 Uhr, ➤ **www.industriemuseum.lvr.de**

Essen + Trinken

Gasthaus Wermelskirchen
Burggraben 8, 51429 Bergisch Gladbach, Tel. (0 22 04) 5 25 64, Mo.–Di. 12–14 und 18–22, Do.–So. 12–14 und 18–22 Uhr
➤ **www.gasthaus-wermelskirchen.de**

2 Malteser Komturei

(7,8 km von der Burg Bensberg)

1290 – im Jahr der ersten schriftlichen Erwähnung, vielleicht aber auch schon 1270 – gründete der **Johanniterorden** in Herrenstrunden eine Verwaltung, eine sogenannte **Komturei,** die in folgenden Jahrhunderten kräftig wachsen sollte. So wurde aus jener Komturei bereits 1328 eine **Ballei,** ein Verwaltungssitz für die gesamte Provinz des **Ritterordens.** Im 14. Jahrhundert galt eben diese Ballei schon als die zweitgrößte ihrer Art im deutschsprachigen Raum. 1530 indes, zur Zeit der **Reformation,** änderten die Johanniter ihren Namen in **Malteser.** 1802, im Zuge der **Säkularisierung,** fiel ihr Besitz dann aber an den Staat. 1806 übernahm das **Königreich Preußen** das von Wassergräben umgebene Haus, das um 1684 zu einem **Barockschloss** umgebaut worden war. Doch da es an Bedeutung verlor, verfiel es zusehends, vor allem ab 1821. 1945 war dort etwa eine **Räucherkammer** untergebracht, die in jenem Jahr das gesamte Gebäude in Flammen aufgehen ließ. Fünf Jahre später nahm sich ein Investor der Ruine an und baute die Malteser Komturei in malerischer Lage an einem Strundeweiher wieder auf. Im Mai 2010 wurde daraus ein **Hotel mit zehn Zimmern und Restaurant** mit mediterran ausgerichteter Küche.

Info

Malteser Komturei
Herrenstrunden 23,
51465 Bergisch Gladbach,
Tel. (0 22 02) 95 97 80,
Mi.–So. 12–15 und 18–23 Uhr
➤ **www.malteser-komturei.de**

Verborgenes Schmuckstück: Die Malteser Konturei

16 Schloss Georghausen

Adresse
Schloss Georghausen
Georghausen 8, 51789 Lindlar, Tel. (0 22 07) 49 38, ganzjährig von außen zu besichtigen, Eintritt frei
➤ **www.golfclub-georghausen.de**

Anfahrt PKW
A 4 bis AS 21 Overath/Untereschbach, rechts in Richtung Lindlar abbiegen, hinter Immekeppel links nach Obersteeg fahren, dann wieder links in Richtung Kürten, 5 Kilometer später rechts dem Schild Golfplatz folgen; Parkplatz am Gelände (GPS 50.992965, 7.269861)

Anfahrt ÖPNV
Zum Beispiel ab Bf. Köln-Messe/Deutz mit der S-Bahn 1 in Richtung Bergisch Gladbach bis Im Hoppenkamp, dann mit Bus 421 in Richtung Lindlar bis Schmitzhöhe Kirche, etwa 1 Kilometer Fußweg

Essen + Trinken
Clubrestaurant Schloss Georghausen
Tel. (0 22 07) 78 33, Di.–So. 11–23 Uhr
➤ **www.golfclub-georghausen.de**

Außerdem sehenswert:

1 Altenberger Dom S. 124
2 Gut Landscheid S. 125

Ein Haus mit vielen Hütern

Blendend weiß getüncht:
Die Fassade des Schlosses

Schlossidylle pur

Die Vorburg ist den Golfspielern vorbehalten.

Schloss Georghausen

Geschichte

Eine Verkaufsurkunde von 1449 ist der erste Schriftbeleg für die Existenz der Burg Georghausen im Sülztal. Die Witwe Gertrud von dem Meinwege, ihr Sohn Johann und dessen Gattin Beatrix von Stammheim trennten sich von allen ihren Gütern, darunter eben auch die Burg mitsamt einer Fischerei. Neue Besitzer wurden Dietrich Lünick, ein nichtadliger Kanzleischreiber in bergischen Diensten, und seine Ehefrau Adelheid von Bellinghausen. Die weiteren Ausführungen in jenem Dokument lassen darauf schließen, dass die Geschichte des Anwesens mindestens ins 14. Jahrhundert zurückreicht, wiesen die Scheidenden doch darauf hin, dass sie den Besitz von ihren Vorfahren erhalten hatten.

Obwohl Dietrich Lünick nichtadeliger Herkunft war, machte er Karriere und brachte es offenbar zu Wohlstand. 1487 ging er in den Ruhestand und ließ die Burg Georghausen in den folgenden Jahren nicht nur ausbauen, sondern auch wehrhaft machen. Dennoch bevorzugte Lünick in seinen letzten Lebensjahren einen Alterssitz in Köln. Dort starb er 1497. Sein Sohn Wilhelm behielt die Burg bis zu seinem Tod 1530.

Einziger Bewohner des nun von Wassergräben umzogenen Hauses war der Rentmeister Adam von Lindlar, der als

Verwalter für die Familie Lünick arbeitete. Er hatte nach dem Tod des kinderlosen Wilhelm mit etlichen Erbstreitigkeiten um das Gut an der Sülz zu kämpfen, bis dieses 1553 vollständig in den Besitz von Elisabeth und ihrem Gatten Wilhelm von Neuhoff-Ley, den Besitzern der nahe gelegenen Wasserburg Eibach, S. 76 ▶ übergegangen war. Dafür war Georghausen zunächst aufgeteilt worden, zudem tauschten die Streitparteien untereinander Güter, um zu einer Einigung zu gelangen. Elisabeth von Neuhoff starb allerdings noch im Jahr des Erwerbs.

Damit begann eine Reihe von Besitzerwechseln, die 1904 endete, als Emanuel Freiherr zu Landsberg Haus und Grund erwarb. Bis heute ist diese Familie im Besitz von Schloss Georghausen, das seit 1951 Domizil eines Golfklubs ist.

Anlage

Vor dem Barockschloss liegt eine dreiflügelige Vorburg, die schlicht gehalten und ein Stockwerk hoch ist. Darin wiederum erstreckt sich ein kleiner, runder Garten. Gegenüber steht das Schloss, wie es ab 1707 gestaltet worden ist. Eine kleine Steinbrücke führt über den erhaltenen Wassergraben. Auffallend ist die große Zahl an Fenstern unter dem geschwungenen Giebel. Erhalten ist auch die neue Mühle von 1466, allerdings stammt der heutige Bruchsteinbau aus einer Zeit des Umbaus im 18. Jahrhundert. Sie liegt in Richtung der Landesstraße 284 (Sülztalstraße) und ist in den heutigen Gebäudekomplex einer Immobilienverwaltung integriert, die von der Familie von Landsberg betrieben wird.

Heutige Nutzung

Schloss Georghausen ist seit 1951 Sitz eines Golfklubs. Der heutige Betreiberverein wurde 1962 gegründet. Ohne den Einsatz des Vereins wäre die Anlage wohl nicht nur in Vergessenheit geraten, sondern auch dem Verfall anheimgefallen. Der Besuch des Barockschlosses ist jederzeit möglich, auch das Schloss selbst ist bis auf einen Klubsaal zugänglich. Die Gastronomie steht allen Gästen offen und nicht nur den Vereinsmitgliedern. Auch kann man an den Teichen vorbeispazieren und den Blick über die Golfanlage schweifen lassen. Aus Gründen der Sicherheit haben dort aber nur Golfer Zutritt.

1 Altenberger Dom

(19,2 km von Schloss Georghausen)

Der **Altenberger Dom,** der „Bergische Dom“, ist heute die Pfarrkirche der katholischen Gemeinde **Sankt Mariä Himmelfahrt.** Zuvor war er die **Klosterkirche** der 1133 gegründeten **Zisterzienserabtei,** die 1803 aufgelöst wurde. Errichtet wurde das Gotteshaus in den Jahren von 1259 bis 1359 als Basilika nach Vorbildern in Frankreich. Einen Kirchturm gibt es nicht. 1815 wurde die Kirche bei einem Brand zerstört und von 1833 bis 1847 wiederaufgebaut. Ihre Geschichte ist eng verbunden mit der Historie der Grafen von Berg: Unter **Adolf II. von Berg** begann der Bau eines Klosters für Mönche, die aus dem französischen **Zisterzienserkloster Morimond,** gelegen im damaligen Fresnoy-en-Bassigny und heutigen Parnoy-en-Bassigny, übergesiedelt waren. Dieses vierte Tochterkloster auf deutschem Boden entstand an der Stelle der früheren Residenz der Grafen von Berg, der Burg Berge. Die Herrscherfamilie war ihrerseits auf die **Burg an der Wupper** (Schloss

Kunst + Kultur

Altenberger Dom
Eugen-Heinen-Platz 2, 51519 Odenthal, Tel. (0 21 74) 45 33, Mo.–So. 8–18 Uhr
➤ **www.altenberger-dom.de**

Essen + Trinken

Hotel-Restaurant Wißkirchen
Am Rösberg 2, 51519 Odenthal, Tel. (0 21 74) 6 71 80, Mo.–So. 8–23 Uhr
➤ **www.hotel-wisskirchen.de**

S. 47 ▸ Burg) umgezogen und hatte den alten Stammsitz bereits abtragen lassen.

Vollendet wurde das Kloster allerdings nicht: Während der Arbeit verlegte man den Bauplatz weiter ins Tal, um vom Lauf der **Dhünn** profitieren zu können. Wer sich auf den Weg zur Ruine der Burg Berge im nahen Wald macht, der kommt auch an einer bereits errichteten Mauer des ersten Klosters vorbei.

2 Gut Landscheid

(22,6 km von Schloss Georghausen)

Gut Landscheid ist seit dem Jahr 2010 ebenfalls Teil einer **Golfanlage.** Zudem beherbergt es ein **Restaurant, ein Hotel** gehobenen Standards mit 17 Zimmern sowie verschiedene **Wellness- und Gesundheitseinrichtungen.** Nach Anmeldung an der Rezeption ist es zu besichtigen, selbst zum Weinkeller gewähren die Betreiber Zugang. Die Geschichte des früheren Rittersitzes mit weitreichenden Ländereien, der Lambertsmühle und etlichen Untergütern begann im August 1301, als die Abtei Altenberg das örtliche Landgut aufkaufte. Seine heutige Gestalt erhielt das **frühere Wasserschloss** in den Jahren von 1718 bis 1725, als Eigentümer **Bertram von Hall,** dessen Wappen heute noch die Fassade ziert, den Rittersitz umbauen ließ. Die Wassergräben sind allerdings verschwunden. Besonderen Reiz birgt heute das Zusammenspiel von Historie und modernem Hotelbetrieb: Der neue Anbau mit hoher Glasfassade nimmt eine der alten Schlossfronten in sich auf, sodass im Bereich der Rezeption eine Art Forum entstanden ist. In der früheren **Schlosskapelle** ist ein **Trauzimmer** der Stadt Burscheid eingerichtet.

Moderne trifft auf Mittelalter am Gut Landscheid.

Info

Gut Landscheid
Haus Landscheid 1-2, 51399 Burscheid, Tel. (0 21 74) 3 98 90,
Mo.–So. 7–22 Uhr, Eintritt frei
www.gut-landscheid.de

17 Schloss Ehreshoven

Adresse

Schloss Ehreshoven
51766 Engelskirchen,
Tel. (0 22 63) 30 21, ganzjährig von außen zu besichtigen
➤ **www.stift-ehreshoven.de**

Anfahrt PKW

A 4 bis AS 22 Overath, dann rechts in Richtung Engelskirchen/Loope, hinter Vilkerath rechts abbiegen und geradeaus bis zum Bahnübergang, dahinter rechts zum Schloss Ehreshoven abbiegen; Wanderparkplatz am Gelände (GPS 50.974195, 7.342872)

Anfahrt ÖPNV

Ab Bf. Overath Bus 310 bis Ehreshoven

Außerdem sehenswert:

① Rheinisches LVR-Industriemuseum S. 132 ② Christkindpostamt S. 13

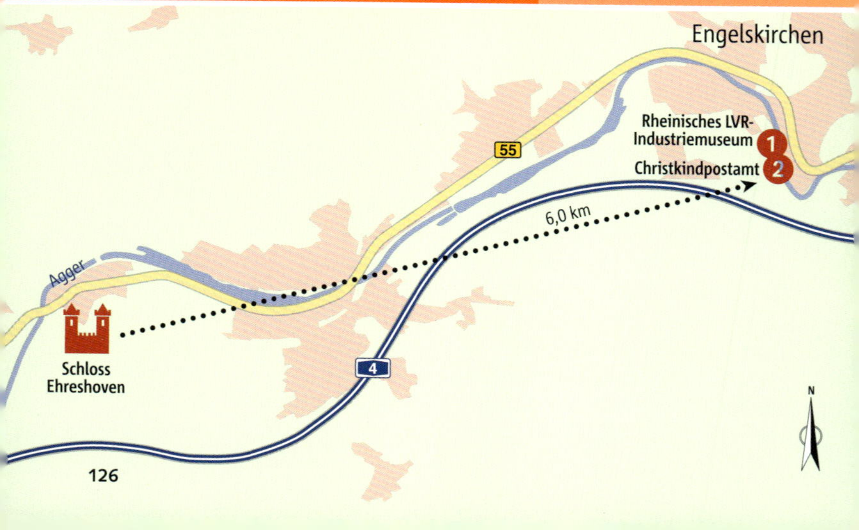

Dem Adel verpflichtet

Bitte eintreten: Ein großer Teil der Anlage steht Besuchern offen.

Das nicht zugängliche Hauptgebäude ist durch einen Wassersgraben abgetrennt.

Schloss Ehreshoven

Geschichte

In einem Abgaberegister der Abtei auf dem Michaelsberg in Siegburg aus dem Jahr 1280 finden sich der Name des Lehnsmanns Heinrich von Ehreshoven und die Erwähnung anderer Familienmitglieder. Spätere Verzeichnisse aber nennen andere Edelleute, 1330 etwa Wilhelm von Troisdorf und 1355 dann Adolf von Grafschaft, als Bewohner des Anwesens „Ihrishoven", dessen Beschreibung von „hove" (Hof) zu „hus" (Haus) wechselt. Jener Adolf war mit Jutta, der Tochter Gottfrieds von Sayn, dem Besitzer von Schloss Homburg,
S. 157 ▸ verheiratet. Durch die Hochzeit von Jutta, der eigenen Tochter, mit Wilhelm von Nesselrode 1387 gelangte das Haus Ehreshoven für stolze fünf Jahrhunderte in den Besitz dieser Grafenfamilie. Im Spätmittelalter gehörte sie zu den mächtigsten Adelsfamilien im Bergischen Land.

1595 wurde dem Wasserschloss auf Veranlassung durch einen späteren Wilhelm von Nesselrode, Kanzler des Herzogtums Jülich-Berg, und seiner Gemahlin Elisabeth von Schwarzenberg eine Kapelle hinzugefügt.

Ende des 17. Jahrhunderts wurde Ehreshoven im Besitz des Oberhofmarschalls Philipp Wilhelm Christoph Freiherr von Nesselrode und seiner Ehefrau Maria Adriana Alexandra von Leerodt endgültig zum Schloss und zu einem barocken Schmuckstück ausgebaut, damit es fortan der Familie als Residenz dienen konnte. Es war von Wassergräben umgeben und das damalige Aussehen der Anlage sollte bis in die Gegenwart überdauern. 1920 aber erlosch diese Linie der von Nesselrode: Marie von Nesselrode (1853–1920) starb kinderlos und überschrieb in ihrem Testament den gesamten Besitz mit einer geschätzten Größe von 1300 Hektar der Genossenschaft des Rheinischen Ritterbürtigen Adels mit der Auflage, ein Damenstift für „bedürftige, katholische, adlige Fräuleins" einzurichten und unverschuldet in Not geratene Frauen aus dem Adel darin aufzunehmen. 1924 wurde das Stift auf Schloss Ehreshoven nach einer rechtlichen Auseinandersetzung mit Verwandten der Verstorbenen gegründet. Die gemeinnützige Stiftung der Rheinischen Ritterschaft ist bis heute auf Schloss Ehreshoven ansässig.

Farbtupfer auf Schloss Ehreshoven

Anlage

Der Weg ins Innere der von Wassergräben umrahmten Anlage führt zunächst über eine Steinbrücke und dann durch einen portalhaften Torbogen in die Vorburg und damit in einen grünen Hof mit vielen Bäumen. Ein weiterer Wassergraben trennt das Hauptgebäude mit seinen beiden Seitenflügeln, an denen spätmittelalterliche Spuren kaum noch auszumachen sind, und einen kleineren Hof von dieser Vorburg. Die Fassaden der beiden separaten, nur durch das Portal verbundenen Gebäude der Vorburg sind aus Bruchstein und bilden einen farblichen Kontrast zum heute überwiegend weiß getünchten Haupthaus. Beide Gebäude haben einen angrenzenden Flügel, jeweils am Übergang erhebt sich ein quadratischer Turm mit Schweifhauben. Ringsherum erstrecken sich die Aggerauen, ein beliebtes Wandergebiet.

Heutige Nutzung

Bundesweit bekannt geworden ist Schloss Ehreshoven als Kulisse („Schloss Königsbrunn") der im Juni 2015 eingestellten Fernsehserie Verbotene Liebe mit 4664 Episoden. Dabei ist die Anlage nur bis in den ersten Hof zugänglich. Der weitläufige Barockgarten nach französischem Vorbild bleibt Besuchern verborgen, das Betreten des zweiten, wesentlich kleineren Hofs ist ebenfalls verboten. In diesem Haupthaus jenseits des Wassergrabens führt die Stiftung der Rheinischen Ritterschaft eine Seniorenresidenz für adlige Damen. Weiterhin ist das Stift Ehreshoven ein klassischer land- und forstwirtschaftlicher Betrieb sowie Vermieter von Seminar- und Tagungsräumen für Unternehmensberatungen. Auch als Filmkulisse wird die Anlage weiterhin vermarktet. Das Depot der Vereinigten Adelsarchive im Rheinland hat ebenfalls seinen Platz auf Schloss Ehreshoven: Auf rund 1700 Regalmetern lagern dort in mehr als 10.000 Kartons 20 Familienarchive.

In der Vorburg sind andere Firmen beheimatet, zum Beispiel eine private Akademie für Musik und Literatur, auch hat die Gemeinde Engelskirchen dort ein Trauzimmer eingerichtet.

1 LVR-Industriemuseum Kraftwerk Ermen & Engels

(6 km von Schloss Ehreshoven)

Kunst + Kultur

LVR-Industriemuseum Kraftwerk Ermen & Engels

Engels-Platz 2, 51766 Engelskirchen, Tel. (0 22 63) 9 28 50, Di.–Fr. 10–17, Sa.–So. 11–18 Uhr

➤ **www.industriemuseum.lvr.de**

Essen + Trinken

Kaffeehaus Zinnober

Horpestraße 4, 51766 Engelskirchen, Tel. (0 22 63) 9 69 81 68, Di.–So. 9–18 Uhr

➤ **www.zinnober-engelskirchen.de**

Tiefblaues Licht leuchtet heute dort, wo einst Wasser durch steinerne Gänge strömte und **riesige Turbinen** in Gang setzte. Trockenen Fußes durchschreitet der Museumsbesucher das tiefste Geschoss des früheren **Elektrizitätswerks Ermen und Engels** mitten im Zentrum der Gemeinde Engelskirchen. Dieses wurde, wie so viele Industriebetriebe im Oberbergischen, mit dem Wasser der Agger betrieben. Der LVR ist Hüter des Kraftwerks, das **Friedrich Engels sen.** (1796–1860) aus Barmen, übrigens der Vater des späteren Weggefährten von Karl Marx, 1837 erworben hatte. Noch im selben Jahr gründete er mit Geschäftspartnern aus dem britischen Manchester eine **Baumwollspinnerei** und gab mehr als 600 Menschen Arbeit. Diese Textilfabrik wurde 1979 geschlossen. Der Initiative von drei jungen Architekten aus Köln ist zu verdanken, dass der Fabrik- und Kraftwerkkomplex 1981 unter Denkmalschutz gestellt und damit vor der Abrissbirne bewahrt wurde. 1984 zog das **Rheinische Industriemuseum** ein, das den Stand von 1903 widerspiegelt. Auch der Schornstein des Dampfmaschinenhauses steht noch. Nebenan befindet sich zudem die Villa der alten Fabrikantenfamilie, ein Park verbindet beide Bereiche. Die **Wasserschmiede Oelchenshammer** in Bickenbach gehört ebenfalls zu diesem Museumsstandort, ein etwa 3 Kilometer langer Wanderweg führt dorthin. ◂ S. 103

2 Christkindpostamt

(6 km von Schloss Ehreshoven)

Einmal im Jahr, immer im Advent, ist das **Christkind** Untermieter im ehemaligen **Fabrik-** und **Kraftwerkkomplex Ermen und Engels,** in dem heute das **LVR-Industriemuseum** und auch das **Rathaus der Gemeinde Engelskirchen** untergebracht sind. In einem ehemaligen Baumwolllager eröffnet die **Deutsche Post** seit 1985 das Christkindpostamt, in dem Briefe mit Wunschzetteln aus aller Welt eintrudeln. **Mehr als 150.000 Briefe aus mehr als 50 Ländern dieser Welt** gehen nach Angaben des Unternehmens jährlich im himmlischen Postamt ein, abgeschickt werden die ersten schon im Spätherbst. In Engelskirchen bearbeiten zehn Mitarbeiter die Schreiben und Päckchen, schließlich soll jeder Absender eine Antwort erhalten. Dabei werden besonders persönliche Briefe ebenso persönlich beantwortet, und das in mehreren Sprachen. An der Spitze der Sendungen aus aller Welt liegt Asien mit **China, Taiwan** und **Hongkong,** aber auch die Zahl der deutschen Zuschriften übertrifft die 100.000er-Grenze bei Weitem. An drei Tagen im Advent, immer wenn der Weihnachtsmarkt der Engelsgemeinde öffnet, ist das Christkind anwesend und empfängt große und kleine Gäste in seinem Sonderpostamt. Eine E-Mail-Adresse hat es, so die Deutsche Post, aus pädagogischen Gründen übrigens nicht.

Info

Christkindpostamt

Engels-Platz, 51766 Engelskirchen, geöffnet am dritten Adventswochenende, Fr. 15–18, Sa.–So. 13–18.30 Uhr

➤ **www.deutschepost.de**

Immer am dritten Adventswochenende in Engelskirchen: Das Christkind

18 Schloss Eulenbroich

Adresse

Schloss Eulenbroich
Zum Eulenbroicher Auel 19, 51503 Rösrath, Tel. (0 22 05) 9 01 00 90,
➤ **www.schloss-eulenbroich.de,**
ganzjährig von außen zu besichtigen, Eintritt frei

Anfahrt PKW

A 3 bis AS 30a Rösrath, an der Ampel links Richtung Rösrath, an der großen Kreuzung (Ampelanlage) rechts in den Ort abbiegen, nach etwa 300 Metern führt hinter der Kirche (vor einer Ampel) ein kleiner Weg rechts den Berg hinunter, Beschilderung folgen; Parkplatz am Schloss (GPS 50.899939, 7.185609)

Anfahrt ÖPNV

Ab Bf. Rösrath, am Bahnhofsgebäude vorbeigehen, eine kleine Treppe hinunter und dann die Hauptstraße überqueren, direkt gegenüber liegen ein Busparkplatz und ein kleines Waldgebiet (Park Eulenbroich), rechts halten, die Straße abwärts entlanggehen, dann links halten, dann geht es direkt zum Schloss

Essen + Trinken

Marlene's am Schloss
Zum Eulenbroicher Auel 19,
51503 Rösrath,
Tel. (0 22 05) 9 20 78 76,
Di.–Sa. 11–22, So. 12–22 Uhr
➤ **www.marlenes-am-schloss.de**

Außerdem sehenswert:

① Heidezentrum Turmhof S. 138 ② Erlebnisbrauerei Markus Hau S. 13

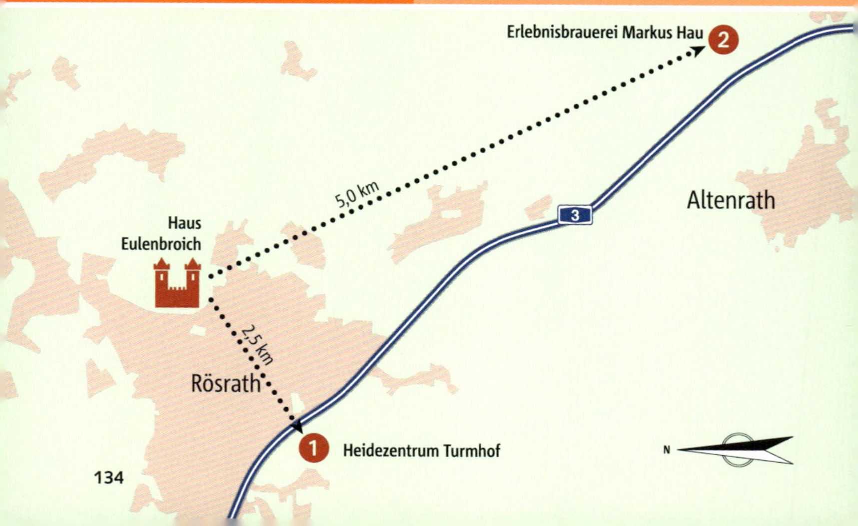

Immer wieder neu gebaut

Durch die Vorburg betritt der Besucher Schloss Eulenbroich.

Das Gebäude beherbergt heute viele Nutzer.

Schloss Eulenbroich

Geschichte

Wahrscheinlich reicht die Geschichte von Schloss Eulenbroich ins 13. Jahrhundert: Bei Grabungen wurden Spuren einer früheren Burg, möglicherweise einer Vorburg, aus eben jener Zeit gefunden. Mehr über diese Festung oder ihre Bewohner ist nicht bekannt. Zu den beiden nachfolgenden Gebäuden gibt es nur noch wenige Hinweise: So hielt eine Urkunde von 1401 die westfälische Adelsfamilie Staël von Holstein als Besitzer der Burg Eulenbroich fest, die damals bereits von Wassergräben umschlossen war. Diese speisten sich aus der Sülz. Stammresidenz jener Familie war allerdings die Burg Holstein in der heutigen Gemeinde Nümbrecht, an diese Feste erinnert heute nur noch die Mühlengräfte bei Holsteins Mühle. Burg Eulenbroich nutzte die Familie Staël von Holstein bis 1762. Allerdings ließ sie in der Zwischenzeit ein neues Haus errichten, dazu gehörten das Herrenhaus, Ställe, Dienstbotenunterkünfte und die Vorburg.

Nach der Familie Staël von Holstein wurde 1762 Freiherr Johann Werner von Francken (1706–1769) Eigentümer des Anwesens, das der Besitzer vom benachbarten Haus Venauen gekauft hatte. In der Zeit verlor es auch die letzten mittelalterlichen Züge, es entstand ein Schloss im Stil des Barock. Danach tat sich wenig. Für das Jahr 1839 heißt es, dass sich die Immobilie in einem nahezu ruinösen Zustand präsentiert habe und die letzten Bewohner sogar das Inventar verheizt hätten vor lauter Armut.

1851 erhielt das Gebäude offizielle Funktion: Der Kölner Fabrikant Robert Rohr war Bürgermeister Rösraths und richtete sich dort seinen Amtssitz ein, bis 1878 blieb er erster Bürger. Damals wurde dieses Amt noch auf Lebenszeit vergeben.

Dem Fabrikanten folgte 1908 ein Fabrikant: Emil Biedermann wurde nicht nur Eigentümer der Anlage, er baute nebenan auch eine Lederfabrik. Ans Wasserschloss ließ er ebenfalls Hand anlegen und es zur bürgerlichen Villa umgestalten.

Eine große Zäsur bedeutete der Zweite Weltkrieg: Nach Kriegsende diente das Schloss belgischen Mädchen als Internat, unterrichtet wurden sie in Haus Venauen.

1955 begannen dann jedoch 14 Jahre des Leerstands, bis ein privates Seniorenheim eröffnete. 1981 wurde die Stadt Rösrath Eigentümerin des Hauses und ließ es von Grund auf sanieren, um es für Veranstaltungen zu vergeben.

Anlage

Besucher betreten die Anlage des Wasserschlosses über die historische Bogenbrücke aus Backsteinen und durch das Torhaus, dabei laufen sie unter dem Wappen des Freiherrn von Francken her. So wird die symmetrische Ausrichtung von Haupthaus und Vorburg deutlich, die einander exakt gegenüberstehen. Zur Rechten befindet sich ein moderner Bau mit einer Fassade aus Beton und Glas, darin sind Gastronomie und andere Einrichtungen, zum Beispiel eine Tanzschule. Noch vor der Brücke liegt jene Mühle.

Heutige Nutzung

Eine Eventagentur vermittelt die Säle und Räume auf Schloss Eulenbroich für Seminare, Tagungen und Feiern. So kommt es auch vor, dass Luxusautos im Innenhof parken, weil ein Händler dort Neuheiten präsentiert. Auch eine Zauberschule ist da untergebracht. In der Vorburg hat derweil der Geschichtsverein Rösrath sein Domizil. Die Stadt Rösrath nutzt dieses markante Bauwerk ihrerseits als Wahrzeichen auf Briefbögen und auf ihren Internetseiten. Krimis wurden auf Schloss Eulenbroich ebenfalls schon gedreht. Weil die Bezeichnung Schloss umstritten ist, wird das Anwesen auch Haus Eulenbroich genannt. Die Mühle ist heute ein Restaurant und heißt Klostermühle.

Zugang zum Inneren des Schlosses

1 Heidezentrum Turmhof

(2,5 km von Schloss Eulenbroich)

Natur + Erlebnis

Heidezentrum Turmhof
Kammerbroich 67, 51503 Rösrath, Tel. (0 22 05) 9 47 78 00, Nov.–Feb. Do.–So. 10–17, März–Okt. Sa/So. 10–18 Uhr, Eintritt frei > **www.turmhof.net**

Essen + Trinken

Le Restaurant Klostermühle
Zum Eulenbroicher Auel 15, 51503 Rösrath, Tel. (0 22 05) 47 58, Mi.–So. 12–14 und 19–22 Uhr > **www.restaurant-klostermuehle.de**

Der **Rösrather Turmhof,** eröffnet im Mai 2012, ist eines von vier Portalen am Rand der **Wahner Heide,** dem 47 Quadratkilometer großen **Naturschutzgebiet** im Städtequadrat aus Köln, Rösrath, Lohmar und Troisdorf. Ein anderes
S. 146 ▸ ist etwa die **Burg Wissem** in Troisdorf. Die Portale dienen der Information über das Heideland, das auch den Flughafen Köln/Bonn umfasst und eine Landschaft aus **Sümpfen, Heidemooren, Bruchwäldern und offenen Dünenlandschaften** zu bieten hat. Eine Wanderung sollte also dort beginnen. Auf dem Gelände des Turmhofs hat zudem die **Bergische Greifvogelhilfe** ihren Sitz, die nach Absprache besichtigt werden kann (Tel. 01 73/8 55 27 64). Auch gibt es darin einen kleinen Laden mit Heideprodukten. Rund 700 gefährdete Tier- und Pflanzenarten, so schätzen die Experten, haben im **zweitgrößten und artenreichsten Naturschutzgebiet** Nordrhein-Westfalens ihren Lebensraum, der heide- und forstwirtschaftlich genutzt wird. Für die Grünpflege sorgen auch **Ziegen** und eine Herde von **Wasserbüffeln.** Kaum zu

Die Wahner Heide bietet eine vielfältige Fauna.

Prost! Braumeister Markus Hau schenkt aus.

glauben, dass ein großer Teil der Heide in vergangenen Jahrzehnten (und auch heute noch) militärisches Sperrgebiet war (und aus Sicherheitsgründen noch ist) und einst als Übungsgelände für die Truppen herhalten musste.

Info

Erlebnisbrauerei Markus Hau
Meigermühle 2, 53797 Lohmar,
Tel. (0 22 46) 3 03 82 65,
Mo.–Do. 16–20, Fr. 14–20,
Sa. 9–20 Uhr
➤ **www.erlebnisbrauerei-lohmar.com**

2 Erlebnisbrauerei Markus Hau

(5,0 km von Schloss Eulenbroich)

Selbst im heißen Barcelona hat der **Brauer- und Mälzermeister Markus Hau** (geboren 1964) schon gearbeitet und Bier produziert. Bis zum Jahr 2012 schuftete er in einer Kölner Kölschbrauerei zwischen den Kesseln. Zwei Jahre zuvor hatte sich der Lohmarer bereits den Traum vom eigenen Betrieb erfüllt und diesen zur **Erlebnisbrauerei** erklärt, weil man dem Brauer dort bei jedem Arbeitsgang über die Schulter schauen kann, auch gibt Hau das Handwerk in Seminaren weiter. Und wer nicht nur sehen und hören will, der lässt sich an einem Tresen im Abfüllraum nieder und probiert die von Markus Hau erschaffenen, **obergärigen „Waldmoor"-Sorten** – das **naturtrübe Helle, das dunkle Landbier** oder das **klassische Hefeweizen.** Diese sind nur in wenigen Lebensmittelmärkten in oder in der Nähe von Lohmar zu haben. Hinzu kommen Sondersorten wie das Sommerbräu **Luhme Spezial.** Heute produziert der Chef eigenen Angaben zufolge rund 470 Hektoliter Bier im Jahr, die Hälfte davon ist Helles.

19 Schloss Auel

Adresse
Schloss Auel
Haus Auel 1, 53797 Lohmar,
Tel. (0 22 06) 6 00 30,
Golfanlage, ganzjährig geöffnet,
Eintritt frei
➤ **www.schlossauel.de**

Anfahrt PKW
A 3 bis AS 30a Rösrath, rechts in Richtung Lohmar, nach etwa 4,5 Kilometern an der Ampelkreuzung links auf die B 484 in Richtung Overath, der B 484 für etwa 6 Kilometer bis Schloss Auel folgen; Parkplatz vor dem Gelände (GPS 50.902881, 7.263153)

Anfahrt ÖPNV
Ab Bf. Overath mit Bus 557 in Richtung Siegburg bis Wahlscheid-Schlossstraße, etwa 8 Minuten Fußweg

Essen + Trinken
Restaurant Schloss Auel
Schlossschänke, Kaffeehaus und Bistro mit Sonnenterrasse, Mo.–Sa. 12–21, Herbst: So. 12–19 Uhr

Außerdem sehenswert:

1 Bilderbuchmuseum Burg Wissem S. 146 2 Fischereimuseum S. 14

Besuchern steht die Tür immer offen.

Noch heute in Familienbesitz

Das Haupthaus

Schloss Auel

Geschichte

Schloss Auel wurde erstmals 1391 erwähnt und mit einem Peter van Auwele, einem Schöffen in Siegburg, in Verbindung gebracht. Es war eine Wasserburg, dessen Gräben aus dem Auelbach, einem Nebenfluss der Agger, gespeist wurden.

Bis ins ausgehende 15. Jahrhundert und darüber hinaus ist die Familie Auel in Besitz dieses Hauses. Seit dem 17. Jahrhundert gehörte es der Familie von Proff, einem bergischen Adelsgeschlecht. Noch heute ziert ihr Wappen die Mauer über dem Eingang. Ihre Geschichte spielte dann aber stärker im Hennefer Raum und war zum Beispiel mit der Stadt Blankenberg verbunden. ◄ S. 18 Auch diese Besitzer vererbten Schloss Auel und verkauften es zuletzt, so tat es auch der letzte Schwiegersohn, Johann Gerhard Staël von Holstein. Als weiterer Besitz seiner Familie ist auch Schloss Eulenbroich in Rösrath belegt ◄ S. 18 Zuletzt gelangte Schloss Auel auf dem Weg der Erbfolge im Jahr 1818 in den

Besitz der Familie La Valette St. Georg, deren Nachfahren noch heute die Hausherren sind und seit 1951 das Hotel dort führen. Ihre Wurzeln liegen im französischen Uradel und in der heutigen Kleinstadt La Valette-du-Var an der Côte d'Azur. Dort wurde 1494 Jean de la Valette geboren, der später zum 49. Großmeister des Johanniter- und späteren Malteserordens ausgerufen wurde und auf den im Jahr 1565 die Gründung der Stadt Valletta zurückgeht. Zuvor war die Mittelmeerinsel erfolgreich gegen einen Ansturm der Osmanen unter Soliman II. verteidigt worden. Ihm zu Ehren erhielt die heutige Hauptstadt ihren Namen. 1568 starb er in Birgu auf Malta.

Sein Nachfahre Jean-Paul la Valette-St. George war ein Offizier und kam im 18. Jahrhundert nach Köln. Ihm folgte später der Marquis Philippe de la Valette: Er heiratete Franziska von Broe, Herrin von Auel. Als Familiensitz wählte er indes die nahe Burg Sülz, die ebenfalls in großen Teilen erhalten ist und heute verschiedenen Firmen als Unternehmenssitz dient. Sie ist Besuchern ebenfalls zugänglich.

Zu größerer Bekanntheit gelangte auch Adolph von La Valette-St. George: Der Zoologe machte sich mit der Erforschung von Schnecken einen Namen und wurde Rektor der Bonner Universität. Er wurde auf Schloss Auel geboren und starb in Bonn.

Das heutige Barockgebäude ist ein Neubau aus dem Jahr 1763 auf einem offenbar wesentlich älteren Grundriss. Die Wirtschaftsgebäude der Vorburg wurden 1865 abgebrochen, die alten Wassergräben zugeschüttet. 1991 und 2006 wurde das Gebäude von Grund auf saniert.

Anlage

Das heutige Haupthaus hat drei Flügel, die im 20. Jahrhundert errichtet wurden. Zwar gibt es die Wassergräben von einst nicht mehr, doch liegen vor dem Gebäude zwei der drei Teiche, die für ihren Amphibienreichtum bekannt sind. Heute ist Schloss Auel nicht nur ein Hotel und Restaurant, sondern auch Sitz eines Golfclubs mit weitreichender An-

Ein mächtiger Kamin am Eingang zum Hotel

lage und 27 Bahnen rund um das Haus. Dieses umschließt einen Innenhof mit Rondell, an den Fassaden sind die Wappen einiger Eigentümerfamilien zu sehen. Schmuckstück darin ist die dem Heiligen Johannes Nepomuk geweihte Kapelle mit ihrem in Weiß und Gold gehaltenen Rokoko-Altar, auch im kleinen Gotteshaus sind viele Familienwappen zu sehen. Ein kleinerer Seitenaltar aus der Zeit um 1700 könnte aus einer älteren Vorgängerkapelle stammen.

Heutige Nutzung

Schaulustige sind gern gesehen auf Schloss Auel. Die dort ansässige Gastronomie ist nicht den Golfspielern vorbehalten. Auch die Gartenanlage, die in den Golfparcours übergeht, ist zu besichtigen. Gern rühmt sich das Hotel seiner prominenten Gäste und rechnet bereits Napoleon I., den Kaiser der Franzosen, hinzu, weil er 1811 Quartier bezog auf Schloss Auel, um seine Rheinarmee zu inspizieren. Napoleons Gegner, Zar Alexander I. (1801–1825), stieg auf seiner Reise von Sankt Petersburg nach Paris im Jahr 1815 ebenfalls dort ab. Deutschlands Kaiser Wilhelm II. (1859–1941) war oft zu Gast, während sein Sohn Kronprinz Friedrich von Preußen (1892–1951) in Bonn studierte. Ebenso weilte Kaiserin Soraya von Persien (1932–2001) nach ihrer Abkehr von Persien oft auf Schloss Auel, weil sich ihre Eltern als Gesandte und späteres Botschafterehepaar des Staates Iran in Köln-Marienburg niedergelassen hatten.

Gern gesehener Gast war bis zu seinem Unfalltod im italienischen Monza nicht zuletzt der Kölner Formel-1-Rennfahrer Wolfgang Graf Berghe von Trips (1928–1961), der oft im nahen Siebengebirge Rennen fuhr und einer niederrheinischen Adelsfamilie entstammte und der auch Verbindungen zum Schloss Merten in Eitorf hatte. Es heißt übrigens, dass es seit 1776 auf Schloss Auel spukt: So begehre eine junge Nonne in finsteren Nächten Einlass.

Viele Wege führen ins Grüne.

Kunst + Kultur

Bilderbuchmuseum Burg Wissem
Burgallee 1, 53840 Troisdorf,
Tel. (0 22 41) 90 04 56,Di.–Fr.
11–17, Sa.–So.10–18 Uhr, 3,50 €
➤ **www.troisdorf.de/bilderbuchmuseum**

Essen + Trinken

Touch Down Grillhouse und American Bar
Bach 4, 53797 Lohmar,
Tel. (0 22 46) 9 49 24 60,
Mo.–Do. 15–23.30, Fr./Sa.
15–2, So. 11–23.30 Uhr
➤ **www.touchdown-restaurant.de**

1 Bilderbuchmuseum Burg Wissem

(13,7 km von Schloss Auel)

Die um 1550 errichtete **Remise** ist der älteste Trakt von **Burg Wissem,** die heute – so wie der Turmhof in Rösrath S. 138 ▸ – eines der vier Informationsportale zur **Wahner Heide** ist und seit 1982 das in Europa einmalige **Museum für Bilderbuchkunst und Jugendbuchillustration** beherbergt. 2012 zog auch das **Museum für Stadt- und Industriegeschichte Troisdorf** auf das deutlich erweiterte Burggelände. Das Bilderbuchmuseum dokumentiert rund 100 Jahre Buchillustration und lädt zu wechselnden Ausstellungen ein. Ursprung des Museums ist die Sammlung des Troisdorfer Kaufmanns **Wilhelm Alsleben,** der mehr als **300 historische Bilderbuch-Originalillustrationen** und zahlreiche Lithosteine, Holzdruckstöcke und einige Tausend moderne Bilderbücher seiner Heimatstadt schenkte. Zu den bekanntesten Künstlern, die dort ihre Werke zeigten, gehörten zuletzt etwa **Rotraut Susanne Berner,** die Erfinderin der „Wimmelbücher", und **Janosch.** Großzügige Dauerleihgaben der Janosch-Film und Medien AG machen das Museum **zum größten Janosch-Zentrum** weltweit. Die heutige Gestalt des Herrenhauses von Burg Wissem geht auf einen Neubau von 1840 zurück. Zuvor hatte dort eine Wasserburg gestanden, deren Ursprünge wahrscheinlich in die Zeit der Karolinger reichen.

2 Fischereimuseum

(24,7 km von Schloss Auel)

Die **Fischerei-Bruderschaft zu Bergheim an der Sieg,** 987 gegründet, gilt als die älteste ihrer Art bundesweit. Noch heute wird das alleinige Fischereirecht in den **Troisdorfer Siegauen** in 14 Familien vom Vater auf den Sohn vererbt. Die Geschichte dieser zunftähnlichen Gemeinschaft sowie den **Natur- und Gewässerschutz in der Auenlandschaft** dokumentiert seit 2010 das Fischereimuseum, das mitten in den Auen steht – und das auf historischem Grund: Dort ließ **Graf Heinrich von Berg** 1622 eine Belagerungsschanze errichten, die er **Kick-in-die-Mütz** nannte. Diese **Trutzburg** ermöglichte nämlich den Blick in die **Burg Pfaffenmütz,** die im Sommer 1620 von holländischen Truppen unter der Führung von Graf **Heinrich Ludwig von Hatzfeldt** auf dem Kemper Werth, einer Insel in der Nähe des Zusammenflusses von Sieg und Rhein, errichtet worden war. Dort sollten 3000 Ritter stationiert werden. Die Form der Insel erinnerte damals an die Kopfbedeckung eines katholischen Geistlichen. Beide Befestigungen sind nicht erhalten.

Auf dem Wasser treibt am Museum der historische **Aalschokker Maria Theresia**. Und wer sein Auto auf dem Wanderparkplatz Siegauen abstellt, kann den Nachtigallenweg und damit den im Sommer 2013 eröffneten **Fischlehrpfad** entlang zum Museum laufen.

Info

Fischereimuseum der Fischereibruderschaft Bergheim
Nachtigallenweg 39, 53844 Troisdorf, Tel. (02 28) 94 58 90 17,
Sa. 14–18, So. 12–18 Uhr, 2,50 €
➤ **www.fischereimuseum-bergheim-sieg.de**

Aalschokker „Maria Theresia"

20 Burg Overbach

Adresse
Burg Overbach
Overbach 1, 53804 Much,
Tel. (0 22 45) 55 50,
jederzeit von außen zu besichtigen,
auf Anfrage von innen
➤ **www.golfclub-burg-overbach.de**

Anfahrt PKW
A 4 bis AS 22 Overath, Beschilderung nach Much folgen, den Ort durchfahren, am Ortsausgang befindet sich links nach einem doppelten Kreisverkehr die Burg Overbach; Parkplatz auf dem Gelände (GPS 50.906246, 7.412198)

Anfahrt ÖPNV
Ab ICE-Bf. Bonn/Siegburg mit dem Bus 576 in Richtung Much bis Much-Post, etwa 600 Meter Fußweg

Essen + Trinken
Kai's Restaurant
Tel. (0 22 45) 55 19,
Di.–So. 12–22 Uhr
➤ **www.kais-restaurant.de**

Außerdem sehenswert:

1 Hof Tüschenbonnen S. 152 | 2 Bauern- und Technikmuseum S. 1

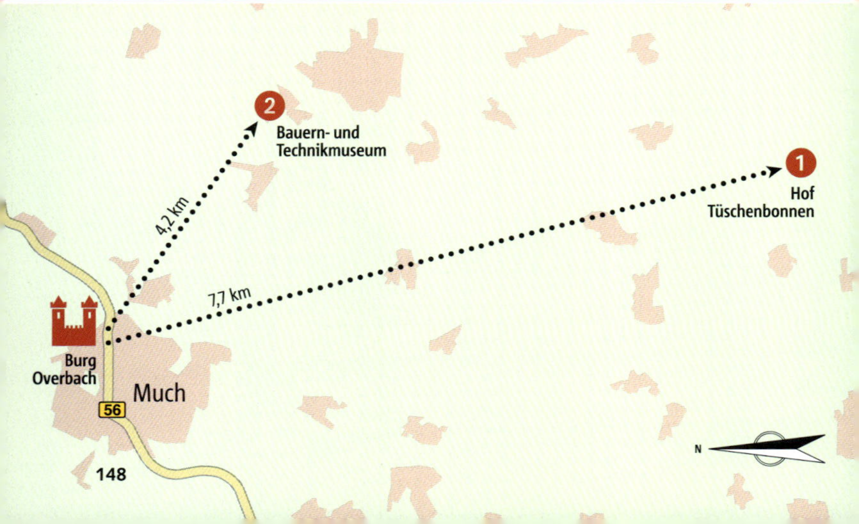

Feste im Quadrat
Das Wahrzeichen der
Gemeinde Much

Von außen gut erkennbar: Der quadratische Grundriss

Burg Overbach

Geschichte

Gesichert ist, dass im 15. Jahrhundert auch der Hausherr von Burg Overbach, Heinrich von Overbach, in den Diensten des Herzogs von Berg stand. Im Mai 1487 wurde er mit dem Rang eines Ministerialen erstmals erwähnt und damit auch sein Sitz, eben die Burg Overbach. Die Ergebnisse baugeschichtlicher Untersuchungen decken sich damit, denn sie lassen eine Datierung des Hauses ins 15. Jahrhundert zu. Eine Aufgabe könnte der Schutz der Zeithstraße, einer Handelsroute, gewesen sein.

Die weitere Geschichte ist geprägt von Besitzerwechseln. Immer umstritten geblieben ist, ob Herzog Wilhelm von Berg 1593 die Burg tatsächlich zerstören ließ.

1721 wurde sie schließlich Residenz des Mucher Schultheißen, Johannes Thomas Joesten. Die Ur-Mucher Familie Joesten sollte, gemessen an den Jahren der übrigen Eigentümer, lange auf Burg Overbach wohnen. Johannes Thomas Joesten heiratete im November 1795 Johanna de Berghes, eine Tochter von Franz de Berghes (1722–1819), der den Posten des Rentmeisters im Herzogtum Jülich-Berg innehatte. Das Paar schien sich auf Burg Overbach sehr wohlzufühlen: 15 Kinder kamen dort zur Welt. So wurde auch Heinrich Joseph Joesten (1763–1829) in dem Haus geboren. Er wurde Richter und 1816 der erste Landrat des damaligen Kreises Waldbröl.

Die heute noch im Bergischen lebende Familie von Nesselrode reihte sich ebenfalls in den Besitzerreigen ein, und zwar 1910, als Felix Graf Droste zu Vischering von Nesselrode-Reichenstein das quadratische Bauwerk kaufte. Er war auch Besitzer von Schloss Merten in Eitorf. S. 191 ▸ 1984 dann war es der Baumogul Richard Fink-Stauf, der die Burg erwarb, um sie sofort an den Golfclub zu veräußern. Dieser hatte sich zuvor gegründet und eröffnete im Juli 1987 die 18-Loch-Anlage für den Spielbetrieb. Bis zu diesem letzten Besitzerwechsel war Burg Overbach ein Pachtgut in landwirtschaftlicher Nutzung.

Anlage

Das Äußere der Burg Overbach repräsentiert auch heute noch den Stand nach der großen Sanierung von 1685. Nach dem Ausscheiden des letzten Landwirtschaftspächters zog 1984 dort der Golfclub ein, der von Beginn an das erklärte Ziel verfolgte, die Anlage zu erhalten und von Grund auf zu sanieren. Das geschah vornehmlich in den 1990er-Jahren, wobei sich die innere Instandsetzung auf das Erdgeschoss konzentrierte. Eine weitere Burganlage gibt es nicht: Das quadratische Haus, das nur noch an zwei Seiten von Wasser umgeben ist, steht für sich allein. Die Wirtschaftsgebäude und die Gastronomie ließ der Sportverein bauen: Sie harmonieren perfekt mit dem historischen Gemäuer. Von der Einrichtung erhalten ist allein ein Kamin, der die Jahreszahl 1564 trägt. Man vermutet, dass die Burg auch damals zwei Geschosse hatte, die aber von einer hohen Halle unterbrochen wurden. Und die könnte mit jenem Kamin beheizt worden sein.

Heutige Nutzung

In der Burg Overbach ist die Verwaltung des Golfplatzes und des Betreibervereins untergebracht. Gäste sind willkommen, auf Wunsch öffnen sich auch die Bürotüren im Erdgeschoss. Die 84 Hektar große Anlage an sich ist bei Spielbetrieb mit der gebotenen Vorsicht zu betreten. Zudem führt ein uralter

Jenseits des Wassergrabens beginnt die Golfanlage.

1 Hof Tüschenbonnen

(7,7 km von Burg Overbach)

Hof Tüschenbonnen ist heute ein mehr als **6000 Quadratmeter großes Gartenparadies** mit Teich und Wasserfall, das **Ute Brehm und Michael Schröter** seit 1995 mit viel Liebe auf einer früheren Kuhweide bewirtschaften und gern für Besucher öffnen. Die Geschichte der Hofanlage reicht ins Jahr 1805 zurück. Das Paar wohnt im ehemaligen **Haus des Bürgermeisters** und richtete sich in den Ställen des Hofes – 1895 erbaut – Atelierräume ein. Wer den **Landschaftsgarten,** der das ganze Jahr über sein Bild verändert, besucht, erhält für den Rundgang einen Plan. Ebenso wechseln die **Skulpturen im Grünen.** Durch den **Schattengarten,** einen Wald, folgt ein Pfad einem Bachlauf. Und wer ganz großes Glück hat und zur richtigen Jahreszeit dort ist, der erhält von Ute Brehm, einer gelernten Tischlerin, und dem Schriftsetzer Michael Schröter ein Glas der **hausgemachten Rhabarberlimonade.**

Natur + Erlebnis

Hof Tüschenbonnen
Tüschenbonnen 9, 53804 Much,
Tel. (0 22 95) 90 21 87,
Mai–Okt., Sa. 11–17 Uhr, 2 €
➤ **www.tueschenbonnen.de**

Essen + Trinken

Café und Hofladen der Lebensgemeinschaft Eichhof
Eichhof 8, 53804 Much,
Tel. (0 22 95) 92 02 23,
Mo.–Fr. 9–18, Sa. 8–12 Uhr
➤ **www.eichhof.org**

Der Landschaftsgarten von Hof Tüschenbonnen

Haushaltsgeräte im Bauern- und Technikmuseum

2 Bauern- und Technikmuseum

(4,2 km von Burg Overbach)

Es kommt schon vor, dass in den Räumen des **Bauern- und Technikmuseums** die Leere gähnt, weil die Exponate an eine Filmfirma verliehen sind. Denn eine derart große **Sammlung gepflegter und restaurierter Geräte und Maschinen** ist selten. Gezeigt wird vieles, das einst das Leben im Haus und auf dem Hof leichter machte – vom **Kohleofen über Waschmaschinen und Schleudern bis hin zu schweren Landmaschinen,** die im Garten des Hauses ausgestellt sind. Das Inhaberehepaar, **Margret und Karl-Josef Haas,** baut das privat geführte Museum stetig aus, zuletzt kamen ein Backes und ein Wasserrad hinzu. Beides wird natürlich genutzt. Künftig soll jenes Wasserrad auch ein Kinderkarussell in Bewegung bringen.

Info

Bauern- und Technikmuseum
Berzbach 20, 53809 Much,
Tel. (0 22 45) 46 23, Mi. 13–16,
Fr. 14–17, Sa. 10–13 Uhr
➤ **www.dorfberzbach.de**

21 Schloss Homburg

Adresse
Schloss Homburg
Schloss Homburg 1, 51588 Nümbrecht, Tel. (0 22 93) 91 01-0,
➤ **www.schloss-homburg.de**

Museum Schloss Homburg,
Apr.– Okt., Di.–So. 10–18, Do. 10–20, Nov.–März Di.–So. 10–16 Uhr, 5 €, mit Sonderschau 6,50 €

Anfahrt PKW
A 3 bis AS 32 AK Bonn/Siegburg, A 560 Richtung Hennef, AS 7 Hennef-Ost, B 478 Richtung Waldbröl, hinter Ruppichteroth in Richtung Nümbrecht (L 320).

Oder A 4 bis AS 25 Gummersbach/Wiehl/Nümbrecht, B 56 bis Wiehl und L 305, in Nümbrecht der Ausschilderung Schloss Homburg folgen, Parkplätze auf beiden Seiten vor der Anlage (GPS 50.914731, 7.538896 und 50.915672, 7.540215)

Anfahrt ÖPNV
Ab Bf. Gummersbach-Dieringhausen Bus 302, ab Bf. Engelskirchen-Ründeroth Bus 312, immer in Richtung Nümbrecht bis Schloss Homburg

Essen + Trinken
Zehntscheuer
Schloss Homburg 2,
51588 Nümbrecht,
Tel. (0 22 93) 81 55 08,
Di. 11–18, Mi.–So. 11–22 Uhr
➤ **www.restaurant-zehntscheuer.de**

Außerdem sehenswert:

① Tropfsteinhöhle Wiehl S. 162
② Historische Postkutsche S. 163

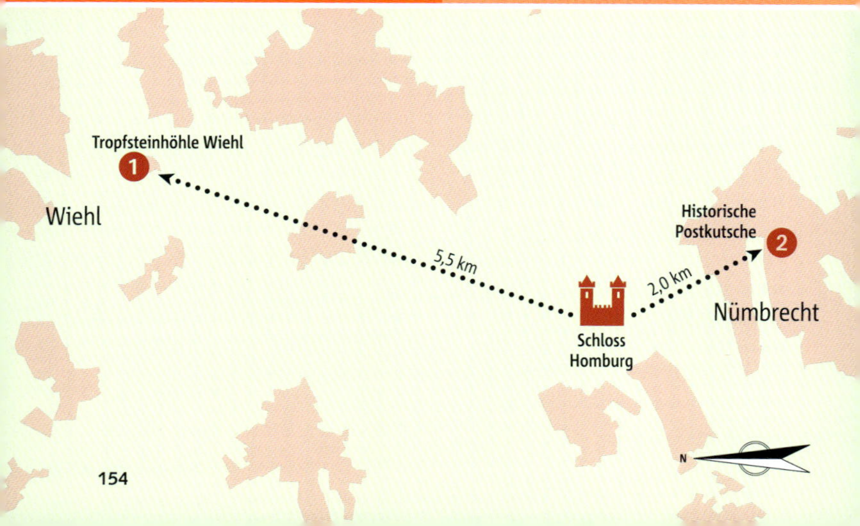

Von einem Herrscher, der falsche Münzen schlug

Schloss Nümbrecht: Wahrzeichen des Oberbergischen Kreises

Üppig ausgestattete Waffenkammer

Schloss Homburg

Geschichte

Ein runder, von Palisaden umgebener Wehr- und Wohnturm mit einem Durchmesser von fast 13 Metern steht am Beginn der Geschichte von Schloss Homburg, die wohl in die Zeit um 1025 zurückreicht. Das ergaben erste Grabungen 1999 und 2000.

So datiert die erste urkundliche Erwähnung dieser Festung auf das Jahr 1276 und damit in eine Zeit, in der die Anlage erstmals ihr Aussehen von einer Burg zu einem reinen Wohnsitz mit zuletzt zwei Palasgebäuden stark veränderte. Um 1270 entstanden der erste Palas, das Sayn'sche Haus, und der alte Donjon. Der zweite Palas, das Wittgensteiner Haus, so vermuten die Forscher, wurde zu Beginn des 14. Jahrhunderts errichtet. Das ursprüngliche Adelsgeschlecht von Sayn stammte aus der Gegend um die heutige Stadt Neuwied und nutzte die Anlage zur Verwaltung seiner Ländereien im Bergischen. In jenem Jahr, 1276, hatte Gottfried I. von Sayn König Rudolf von Habsburg um Schutz ersucht und überließ dem Herrscher dafür seinen Besitz, das castrum Homburg. Als Erblehen erhielt er es aber zurück. Stand auf dem Bergsporn im Homburger Ländchen zunächst nur jener Donjon, so war dort im 13. Jahrhundert bereits eine kompakte Burganlage gewachsen. Sein heutiges Aussehen verdankt Schloss Homburg vor allem Graf Ernst von Sayn-Wittgenstein, der 1635 mit umfangreichen Umbauten im Stil des Barock begann, diese und den weiteren Unterhalt finanzierte er offenbar auch mit Falschgeld. Jüngst wurden bei Ausgrabungen im Bereich der Vorburg Mauerreste freigelegt, die nach Ansicht der Experten aus den Reihen des Rheinischen Amts für Bodendenkmalpflege von einer Münzstätte stammen.

Bis zur Gründung des Großherzogtums Berg durch Napoleon I. im Jahr 1806 blieb Homburg Stammsitz der Herren aus der späteren Linie Sayn-Wittgenstein-Homburg, die jene Gebäude bis 1743 selbst bewohnten oder zuletzt als Witwensitz nutzten, bis sie Schloss Homburg aufgaben. In den nachfolgenden Jahren hatte das Gemäuer keine Bedeutung mehr und war zunächst dem Verfall preisgegeben. Erst die Einrichtung

Tipps + Termine

Am 1. Mai und dem folgenden Wochenende findet auf Schloss Homburg der **Mittelaltermarkt** statt. Am **Deutschen Mühlentag,** dem Pfingstmontag, wird in der Mühle und im Backhaus gearbeitet wie in vergangener Zeit. Im Sommer findet auf der Anlage zudem ein **Klassik-Open-Air** statt, das Sinfonie-Orchester des Westdeutschen Rundfunks gestaltet es. Das Museum ist am zweiten Adventswochenende immer Schauplatz des **Historischen Nikolausmarkts. Führungen** durch die Sammlungen gibt es immer sonntags ab 14 Uhr. Angeboten wird, ebenfalls sonntags ab 12.30 Uhr, der **Kulturhappen,** ein Rundgang durch die jeweilige Sonderschau mit Imbiss.

Das frühere Forsthaus vor dem Barockgarten

des Oberbergischen Heimatmuseums durch den Bergischen Geschichtsverein konnte dem Niedergang 1926 Einhalt gebieten. 1970 kaufte der Oberbergische Kreis Schloss Homburg.

Anlage

Schloss Homburg liegt in einem Wald am Rand der Ortsmitte Nümbrechts. Der Besucher betritt es durch ein mächtiges Bruchsteinportal im Süden, hinter dem ein gewundener, bisweilen steiler Weg hinauf, am früheren Wirtschaftsgebäude vorbei zu einem in den 1960er-Jahren rekonstruierten Wehrgang aus Holz, zum Wohngebäude und zum Bergfried führt.

Zwinger, im 16. Jahrhundert angelegt, und Vorburg lassen sich indes nur noch erahnen, sie sind in der Architektur des Barockensembles aufgegangen. Der einzig erhaltene Hauptkomplex,

nach floss dazu das Bier in Strömen. Von den beiden Wohnhäusern, die in U-Form angeordnet waren, steht heute noch das Sayn'sche Haus, das sein barockes Aussehen bewahrt hat. Der benachbarte Bergfried ist bis in die Spitze begehbar und erlaubt weite Blicke in die Region. Das Wittgensteiner Haus wurde dagegen abgebrochen – wann, das ist nicht mehr nachvollziehbar. Klar ist nur, dass mit seinen Steinen neue Häuser in der näheren Umgebung gebaut wurden. An der Stelle dieses Palasgebäudes steht heute die Neue Orangerie. Damals wie heute hat Schloss Homburg zwei Zugänge. Im Rücken der Gebäude führt eine Steinbrücke zum Hahnentor. Dort erhalten heute aber nur das Personal und Ehrengäste Einlass.

Etwa vier Jahre dauerte die aufwendige und mehr als 10 Millionen Euro teure Sanierung der Anlage, die als Wahrzeichen des Oberbergischen Kreises gilt. Anfang September 2014 wurde sie wiedereröffnet, danach erfolgte im Jahr 2015 die Sanierung des Backhauses und der benachbarten Mühle mit Sägewerk.

der sich an den Turm fügt, hatte zunächst drei Flügel, die – ganz nach dem Geschmack ihrer Zeit – einheitlich angelegt waren. Angenehm kühl ist es dort an heißen Sommertagen in der unterirdischen Schlossküche, die am 21. Mai 1973 Schauplatz eines Staatsbesuchs war: Der sowjetische Staatschef Leonid Breschnew und Bundeskanzler Willy Brandt ließen sich dort Spießbraten schmecken, dem Vernehmen

Park

Auf einer Terrasse unterhalb der Neuen Orangerie liegt der Barockgarten, ein herrlicher Rastplatz mit Steinbänken, Skulpturen und Schatten spendenden Eiben aus dem 18. Jahrhundert. Er wird für Hochzeitsfeiern genutzt und hat sein eigenes, jedoch erst 1720 errichtetes Säulenportal. Grabungen haben ergeben, dass an dieser Stelle einst ein Wohnhaus für Bedienstete gestanden hatte.

Platz zum Spielen und Meditieren: Das Riesenlabyrinth

Vor den Toren der Burganlage, am Fuß des Burgbergs, erstreckt sich eine weitläufige Garten- und Teichanlage mit Getreidemühle und Sägewerk, Backhaus und Zehntscheuer. Die Zehntscheuer, auch Rotes Haus genannt, ist Sitz der Biologischen Station des Oberbergischen Kreises und des Kulturlandschaftsverbands Homburger Ländchen, auch ist dort ein italienisches Restaurant untergebracht. Vor dem Gebäude liegen ein Sinnesgarten mit Kräutern und ein Rasenlabyrinth, das gern für Meditationen genutzt wird.

Auf der anderen Seite des Wegs hinauf zur Burg ruht der künstlich angelegte Mühlenteich, an dessen Rand die Getreidemühle liegt. Unter deren Dach befindet sich aber auch ein Sägewerk – eine solche Kombination war in früheren Zeiten durchaus üblich. Seit 1971 ist diese Wassermühle im Besitz des Oberbergischen Kreises. Dem Verfall preisgegeben, hatte das 1884 errichtete Gebäude vorher in Nümbrecht-Gaderoth gestanden. Getreide wurde gemahlen, Bretter und Bohlen zurechtgesägt.

Ebenso stand das benachbarte Backhaus mit Laden an einem anderen Ort: Bis in die 1980er-Jahre war die Bäckerei Lindenberg in der Nachbarstadt Wiehl beheimatet. Sowohl die Mühle als auch das Geschäftshaus wurden saniert und sind seit dem Frühjahr 2016 bei Vorführungen wieder in Betrieb. Sechs Jahre lang hatte dort alles stillgestanden.

Heutige Nutzung

Seit seiner Wiedereröffnung Anfang September 2014 beherbergt Schloss Homburg neben dem Heimatmuseum im Haupthaus auch die Neue Orangerie, für die der Kölner Architekt Thomas Eduard van den Valentyn (geboren 1945) verantwortlich ist. Der Neubau ist Schauplatz einer Vielzahl von Veranstaltungen und wird auch für private Feste vermietet. Im Untergeschoss ist das Gartenzimmer untergebracht, das Brautpaaren zur Verfügung steht. Nebenan liegt der White Cube, ein 135 Quadratmeter großer Ausstellungsraum, der für Sonderschauen genutzt wird. Ausschließlich Kunstlicht setzt dort die Exponate in Szene.

Das Spektrum des Heimatmuseums im Sayn'schen Haus reicht vom bürgerlichen Leben verschiedener Epochen über historische Arbeitsweisen bis hin zur feudalen Landes- und Herrschaftsgeschichte der Region. Ein besonderes Schmuckstück ist – neben der Burgküche – die Waffenkammer mit Rüstungen, Schwertern und Gewehren. Schwerpunkte sind die ritterliche Kultur und das barocke Spektakel der Jagd.

Im früheren Forsthaus, über dessen Fassade Riesenameisen aus Stahl krabbeln, ist auf zwei Etagen eine naturkundliche Sammlung zur Flora und Fauna in der Region ausgebreitet. Im alten Wirtschaftsgebäude und in der späteren Burgschänke befinden sich heute die Büros der Verwaltung.

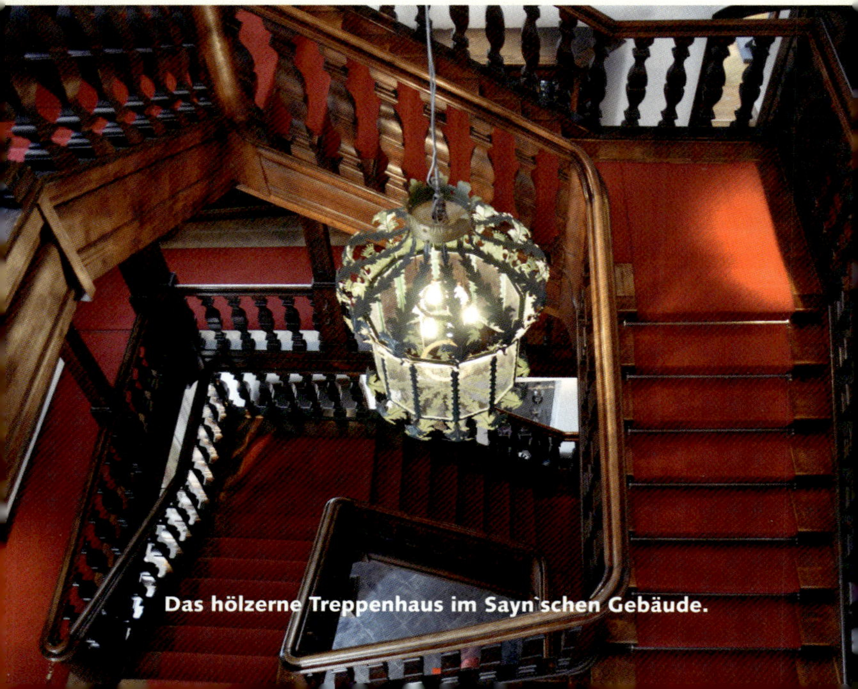

Das hölzerne Treppenhaus im Sayn'schen Gebäude.

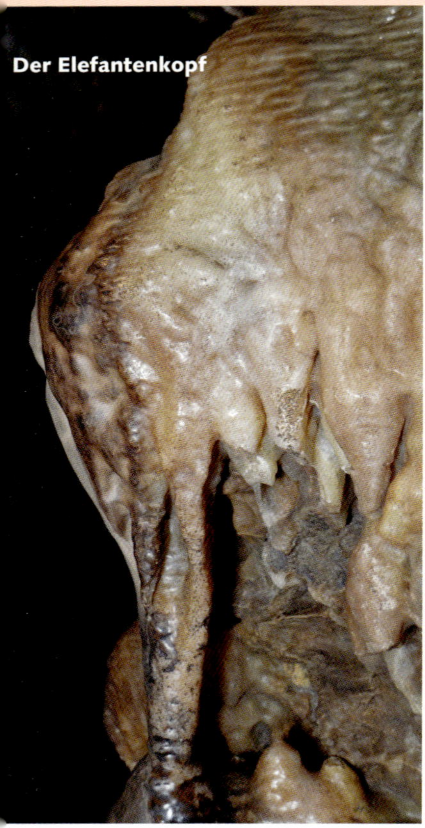

Natur + Erlebnis

Tropfsteinhöhle Wiehl
Pfaffenberg 1, 51674 Wiehl,
Tel. (0 22 62) 79 20,
Apr.–Okt. tägl. 10–17, Nov.–März
Sa./So. 11–16 Uhr, 4,50 €
➤ **www.waldhotel-wiehl.de**

Essen + Trinken

Bierenbacher Hof
Schlenke 3, 51588 Nümbrecht,
Tel. (0 22 93) 30 70,
Mo.–Do./So. 17.30–21.30, Fr./Sa.
17.30–22, Sa./So. 12–14 Uhr
➤ **www.bierenbacher-hof.de**

1 Tropfsteinhöhle Wiehl

(5,5 km von Schloss Homburg)

Nur 26 Stufen führen in Wiehl unter die Erde und hinab zur **Tropfsteinhöhle,** in der den Besucher kühle 8 Grad Celsius erwarten. Der Rundgang führt in eine Tiefe von etwa 30 Metern und mitten in das Netz aus Höhlengängen mit einer Gesamtlänge von fast 870 Metern. Der Zugang in die Kalksteinhöhle mit 30 bis 50 Meter starken Wänden, spektakulären Kaskaden, dicken Säulen und Pfeilern in vielfältigen Farben ist nur mit einer Führung möglich. Zu den unterirdischen Sehenswürdigkeiten zählen der sogenannte **Elefantenkopf** und das gespenstische **Drachenloch,** die **Teufelsschlucht** und die **Siegfriedhalle** sowie versteinerte Muscheln und Korallen, die ganze Riffe formen und aus dem Devonmeer stammen. Sie sind damit zwischen 408 und 410 Millionen Jahre alt. Die Höhle wurde 1860 bei Sprengungen in einem Steinbruch am **Wiehler Pfaffenberg** entdeckt und 1927 für Besucher geöffnet. Weil die Luftfeuchtigkeit in der Höhle sehr hoch ist, wachsen Moose und Farne trotz des spärlichen Lichts auch unter der Erde.

2 Historische Postkutsche

(2 km von Schloss Homburg)

Vor mehr als 150 Jahren rollte zwischen **Nümbrecht** und **Wiehl** die erste Postkutsche mit kaiserlicher Lizenz, 1974 wurde die Kutschenlinie als Attraktion für Urlauber wieder in Betrieb genommen. Seit vielen Jahren sitzt heute die Pferdewirtin **Sabine Pabusch-Utke** auf dem Kutschbock: Sie gilt als einzige **Postillionin** in ganz Deutschland. Die 24 Kilometer lange Rundfahrt – an Bord haben neun Passagiere Platz – dauert mit Pause rund 5 Stunden. Mehr als 1000 Postkutschenfans aus aller Welt fahren jährlich mit dem 2 PS starken Kaltblüter-Gespann.

Info

Historische Postkutsche
Tourist-Information Nümbrecht,
Abfahrt an Haus Hauptstraße 16,
51588 Nümbrecht,
Tel. (0 22 93) 30 23 02,
Mitte Apr.–Mitte Okt. Fr./Sa./So.
ab 10 Uhr, 24 €
➤ **www.nuembrecht.de**

Die Postillionin wartet auf Fahrgäste.

22 Burg Denklingen

Adresse
Burg Denklingen
Hauptstraße 5, 51580 Reichshof-Denklingen, Tel. (0 22 65) 4 70, Garten ganzjährig geöffnet, Eintritt frei
➤ **www.ferienland-reichshof.de**

Anfahrt PKW
A 4 bis AS 26 Reichshof/Bergneustadt, auf B 256 in Richtung Denklingen/Waldbröl/Morsbach bis Denklingen; großer Parkplatz am Rathaus, Hauptstraße 12, (GPS 50.915133, 7.653570)

Anfahrt ÖPNV
Ab Gummersbach-Dieringhausen Bf. mit Bus 302 in Richtung Waldbröl bis Denklingen

Außerdem sehenswert:

1 Affen- und Vogelpark Eckenhagen S. 168
2 Wiehltalsperre S. 16

Torhaus der Burg

Ein guter Ort für Feste

Burggarten mit jüngst renoviertem Badehaus

Tipps + Termine

An den Pfingsttagen findet auf Burg Denklingen ein **Töpfermarkt** statt, am ersten Adventswochenende die **Burgweihnacht**. Im Sommer gibt es zudem ein **Mittelalterspektakel**, im Spätsommer den **Tuch- und Textilmarkt.** Ebenso nutzen die örtlichen Vereine die Burg für öffentliche Veranstaltungen.

Burg Denklingen

Geschichte

Ein Vergleich, der am 9. Juli 1404 einen Streit zwischen den Grafen Gerhard von Sayn und Adolf von Berg schlichten sollte, war gleichzeitig der erste Beleg für die Existenz der Wasserburg Denklingen. Die Entstehungszeit der Burg wird in den Jahren zwischen 1397 und eben 1404 vermutet. Bis 1437 wurde die Burg von Adolf von Berg regiert, seine vielen Fehden aber brachten ihn in Geldnot. Schon 1413 trennte er sich daher von Burg Denklingen und überließ diese Johann von Kreuwel zu Gimborn, dem Besitzer von Schloss Gimborn und Schultheiß von Siegburg, als Lehen. Burgmannen wurden eingesetzt, um das Anwesen zu schützen und zu pflegen. In einer Urkunde von 1433 wurde dieses erstmals als Schloss bezeichnet.

Mit dem Übergang des Amts Windeck, zu dem eben auch Denklingen gehörte, an den Amtmann Wilhelm von Nesselrode und an die Familie von Nesselrode als Pfand, oblag dieser von 1435 an bis ins 17. Jahrhundert die Pflicht zur Instandhaltung der Burgen Windeck und Denklingen.

1518 etwa war die Wasserburg eine Rentmeisterei unter der Führung des

Amtmanns Henne Pampus, der wiederum im Amt Windeck als Richter wirkte. Sein Nachfolger Reinhard Stappenhöfer indes bevorzugte einen anderen Wohnsitz und ließ das Denklinger Haus leer stehen, gepflegt wurde es nicht. Doch die Zerstörung der Burg Windeck durch französische Truppen steigerte die Bedeutung Denklingens ab dem Jahr 1672. 1811 wurde die Burg Haus des Bürgermeisters Christian Mittelacher. 1824 kaufte er das Anwesen mitsamt aller dazugehörigen Grundstücke. Die Familie Mittelacher blieb für viele Generationen dort wohnhaft, zuletzt wurde die Immobilie als Landwirtschaft betrieben. Im Mai 1950 nahm sie bei einem Brand großen Schaden und wurde anschließend wiederaufgebaut.

1975, nach einer Zeit des Leerstands und des Verfalls, übernahm die Gemeinde Reichshof die Anlage und ließ diese 1987 aufwendig sanieren.

Anlage

Das Gelände am Burghaus mit angrenzender Remise (erst 1992 erbaut) und der Garten sind zugänglich. Mit dem Torhaus, der Antoniuskapelle, dem Hof und der Klus, dem früheren Mühlenteich, ergibt sich mitten in Denklingen ein sehenswertes Ensemble. Die Wassergräben von einst sind nur noch als kleinere Zuflüsse der Klus erhalten. Zwar ist die Gemeinde Reichshof Eigentümer des Geländes, doch hat der Heimat- und Verschönerungsverein Denklingen den Schlüssel dazu. In seiner Obhut ist die Anlage, die Stück für Stück auf Vordermann gebracht wird. Unter der Leitung des Ehepaars Sigrid und Sigmar Kiupel wurde etwa der Garten wieder ein Garten. Auch das kleine, achteckige und grün gestrichene Badehäuschen ist frisch saniert, allerdings dient es heute als Abstellraum. Es ist rund 200 Jahre alt. In die Remise hat der Hüterverein einen Backes gebaut, der oft angeheizt wird. Seit ihrem Bau in den Jahren 1693 und 1694 wird die Kapelle Sankt Antonius von beiden Konfessionen genutzt.

Heutige Nutzung

Zum Glück sind die Denklinger ein feierfreudiges Völkchen, sodass die Burg auch abseits der offiziellen Veranstaltungen immer wieder offen ist. 2008 hat die Gemeinde dort ein Trauzimmer eingerichtet, auch der Barocksaal und die übrigen Räume können gemietet werden.

Blick ins Trauzimmer

Natur + Erlebnis

Affen- und Vogelpark
Am Bromberg, 51580 Eckenhagen, Tel. (0 22 65) 87 86, Mo.–So. 9–19 Uhr, 11 €
> **www.affen-und-vogelpark.de**

Essen + Trinken

Ballebäuschen
Hasseler Straße 10, 51580 Reichshof, Tel. (0 22 65) 93 94, Mi.–Fr. 12–14.30 und 18–21, Sa./So. 12–21 Uhr
> **www.ballebaeuschen.de**

1 Affen- und Vogelpark Eckenhagen

(12,8 km von Burg Denklingen)

Mit dem **Affen- und Vogelpark** erfüllte sich Inhaber **Dr. Werner Schmidt,** ein Schüler des Verhaltensforschers **Konrad Lorenz** (1903–1989), 1981 den Kindertraum vom eigenen Zoo. Heute tummeln sich dort allerdings nicht nur **drei Affenarten mit rund 70 Tieren und etwa 150 Vögel,** sondern stehen auch Erdmännchen stramm, meckern Ziegen, klettern Ameisenbären durchs Gehölz und grunzen Landschweine auf dem großen Bauernhofgelände im Park, **mehr als 180 Tierarten** sind es insgesamt. Nach Angaben von Schmidt streifen jährlich rund 100.000 Tierfreunde auf dem 3 Kilometer langen Rundweg über die weitläufige, 80.000 Quadratmeter große Anlage. Berührungsängste sollte man allerdings nicht mitbringen: Auf einer 12.000 Quadratmeter großen Freifläche treiben **Berberaffen** Schabernack und springen Besuchern auf den Arm, immer auf der Suche nach Leckereien wie etwa Popcorn, das die Tiere direkt aus den Tüten futtern. In einem anderen Gehege flitzen **Totenkopfaffen** über den Köpfen der Besucher über Hängeleitern und springen von Baum zu Baum. Oder von Besucher zu Besucher.

2 Wiehltalsperre

(8,4 km von Burg Denklingen)

Mit einem Fassungsvermögen von 31,5 Millionen Kubikmetern ist die in den Jahren von 1967 bis 1973 erschaffene **Wiehltalsperre** das größte Wasserreservoir im Oberbergischen Kreis. Sie liegt in der Gemeinde Reichshof und ist nur an wenigen Stellen über Wanderwege erreichbar, aber nicht zugänglich. Weil sie jedoch ein großer Anziehungspunkt ist, wurde zwischen den Ortschaften Heischeid und Schemmerhausen im Jahr 2005 eine **Aussichtsterrasse** geschaffen. Von dort blickt man über einen großen Teil des Stausees. Den Namen **Auchelfjord** erhielt diese Schneide durch einen Ausspruch des damaligen Bürgermeisters **Gregor Rolland,** der damit an das **Dorf Auchel** erinnern wollte: Dieses gehört zu den elf Orten, die einst in der Wiehltalsperre versunken sind.

Von dort bieten sich reizvolle Strecken durch Reichshof, zum **Burghaus Sotterbach** (nur von außen zu besichtigen) etwa, zur sogenannten **Krombacher-Insel** auf einer Stauvorstufe oder zur **Historischen Mühle in Nespen,** in der von 1749 bis 1956 Getreide gemahlen wurde. Seit 2009 ist die komplett im Originalzustand erhaltene Mühle ein Museum, durch das Betreiber **Markus Jaeger** gern Gäste führt und dabei die Historie schildert. Da kein Wasser in der Nähe war, um die **Mahlwerke und Walzenstühle** in Gang zu setzen, wurde die Wiehl auf einer Strecke von 800 Metern umgeleitet, durch den Ort Nespen und eben an der Mühle vorbei.

Kunst + Kultur

Auchelfjord
Aussichtspunkt an K16 zwischen Heischeid und Schemmerhausen, jederzeit geöffnet

Historische Mühle Nespen
Im Ufer 2, 51580 Reichshof-Nespen, Tel. (0 22 97) 13 32, geöffnet jeden ersten Sonntag im Monat, März–Okt. 11–16 Uhr, 1,50 € ➤ **www.muehlenfreunde-nespen.de**

Der Auchelfjord erinnert mit seinem Namen an ein versunkenes Dorf.

23 Wasserschloss Crottorf

Adresse

Wasserschloss Crottorf
Krottorf, 51598 Friesenhagen,
Tel. (0 22 94) 4 03
Besichtigung der Anlage mit Garten: Apr.–Okt., Fr.–So. 11–18 Uhr, 2 €

Anfahrt PKW

A 4 bis AS 27 Eckenhagen, dann in Richtung Eckenhagen/Wildbergerhütte/Drolshagen, links abbiegen auf L 96 in Richtung Drolshagen/Wildbergerhütte/Hahn/Hespert, nach etwa 5 Kilometern rechts abbiegen auf Siegener Straße, danach links auf Crottorfer Straße und dieser 7 Kilometer folgen; Parkplatz gegenüber dem Schlossgelände (GPS 50.905762, 7.788265)

Anfahrt ÖPNV

Ab Bf. Gummersbach mit Bus 303 in Richtung Waldbröl bis Wildbergerhütte Langenbach, von dort mit dem Taxi (5 km).

Außerdem sehenswert:

1 Basilika Sankt Gertrud S. 176
2 Aussichtsturm Hohe Hardt S. 177

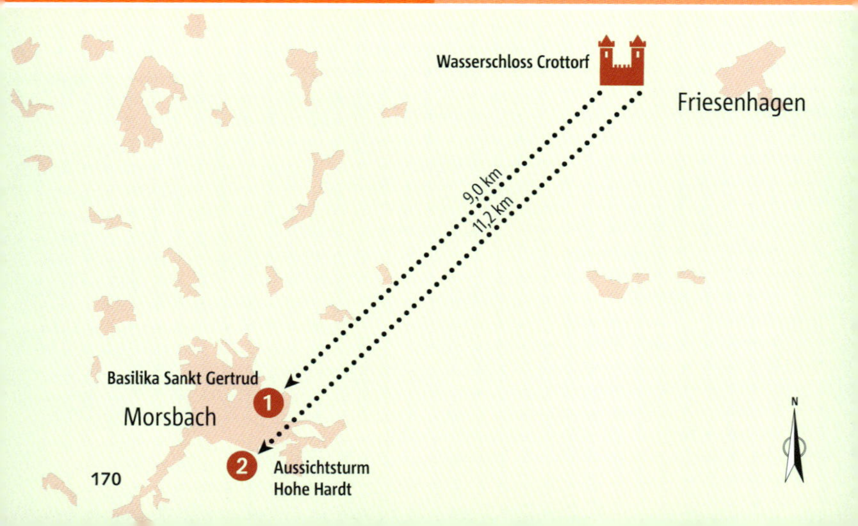

Katzensprung ins Wildenburger Land

Ein Pfad am Wassergraben führt nahezu um die gesamte Anlage.

Wasserschloss Crottorf

Geschichte

Den Namen verdankte das einstige Burghaus dem Ritter Ludwig von Crottorf, der den Beinamen „der Schwarze" trug und als Lehnsmann der Adelsfamilie von Wildenburg 1261 erstmals in Erscheinung trat. Die Residenz, vermutlich eine einfache Burg mit Wassergraben und benachbarter Hofanlage, wurde erstmals 1326 urkundlich dokumentiert.

Unter der Ägide von Johann von Seelbach, der als Marschall in den Diensten des Herzogtums Berg stand, erfolgte 1550 der Umbau zu einer stattlichen Wasserburg mit zwei Flügeln und drei Geschossen. In den Jahren von 1605 bis 1607 sowie von 1619 bis 1622, nach einem Besitzerwechsel, wurde die Anlage weiterhin ausgebaut, zum Beispiel mit einem Wehrgang und einer dicken Ringmauer, die das Anwesen im Dreißigjährigen Krieg dann aber doch nicht vor einer Einnahme durch schwedische Truppen 1631 schützen konnte. Danach verlor die Wasserburg an Bedeutung, da sie kaum noch bewohnt wurde, zumal Hermann von Hatzfeldt als Erbe in Franken residierte und nur selten nach Crottorf kam. Seine Gäste aber gerieten ins Schwärmen, weilten sie auf Crottorf: „Ein Stück Paradies, das aus dem Himmel gefallen ist", frohlockte 1661 etwa der italienische Künstler und Stuckateur Giovanni Domenico Rosso, der dort später seinen Arbeitsplatz hatte.

Trotz seltener Anwesenheit begann Hermann von Hatzfeldt 1665 damit, die Burg zu einem Schloss im Stil des Barock auszubauen. Dazu gehörte etwa, dass zwei weitere runde Ecktürme errichtet wurden. Schloss Crottorf hatte insgesamt vier Türme, die symmetrisch angeordnet waren.

Blick in den ersten Innenhof

Zuweg zum Schloss Crottorf

Im Inneren erhielt jener Stuckateur Rosso freie Hand: Er schuf den wertvollen Wandschmuck im Jagdzimmer, das heute Vestibül ist. Hermanns Sohn Sebastian II. beendete den Umbau, der mit dem Torturm um 1684/1685 seinen Abschluss fand. Von 1720 bis 1722 wurde die Anlage modernisiert, und mit Giuseppe Artario wurde erneut ein italienischer Stuckateur verpflichtet, der dem Festsaal ein prächtiges Aussehen gab.

In den folgenden Jahrzehnten erlebte Schloss Crottorf etliche Besitzerwechsel und Nutzungen. Im Mannesstamm erlosch die Familie von Hatzfeldt, inzwischen mit dem Zusatz „Wildenburg", 1941 durch den Tod von Franz-Hermann Fürst von Hatzfeld-Wildenburg. 1969 fiel Schloss Crottorf nach weiterer Vererbung in der Linie weiblicher Nachkommen an Hermann Graf Hatzfeldt-Wildenburg-Dönhoff (1941 geboren), der zuvor adoptiert worden war. Noch heute bewohnt er die Anlage, auf der auch seine Tante Marion Gräfin Dönhoff (1909–2002) bis zu ihrem Tod lebte. Sie war Chefredakteurin und Mitherausgeberin der in Hamburg gegründeten Wochenzeitung Die Zeit.

Anlage

Das Wasserschloss Crottorf liegt heute in der Ortsgemeinde Friesenhagen und

Nur für geladene Gäste:
Das Haupthaus mit Festsaal

im rheinland-pfälzischen Landkreis Altenkirchen, damit befindet sie sich nur einen Katzensprung entfernt von der Grenze der Gemeinde Morsbach und des Oberbergischen Kreises. Die Anlage entspricht dem Stand von 1685: Besucher betreten sie durch den mächtigen Torturm in der Ringmauer, zu dem eine fast 50 Meter lange Steinbrücke und zuletzt eine Zugbrücke aus Holz führen. Sowohl die Vorburg als auch das Hauptgebäude mit Festsaal und Schlosskapelle haben ihren Platz auf eigenen Inseln. An den Fassaden gilt es zwei Sonnenuhren zu entdecken.

Die Forschung geht indes davon aus, dass einst ein schlichtes Burghaus Kern der Anlage war. Entsprechende Aufzeichnungen fehlen jedoch.

Das Wasserschloss ist von viel Wald und Wasser umgeben, ein schmaler Weg führt am Ufer entlang und fast um das gesamte Bauwerk herum. Der gegenüberliegende Park ist schlicht gehalten und bietet Skulpturen Platz: Dazu zählt eine Arbeit des amerikanischen Künstlers Alexander Liberman (1912–1999) zu Ehren der Opfer des Widerstands im Zweiten Weltkrieg und zur Erinnerung an die nach dem Attentat auf Adolf Hitler (20. Juli 1944) hingerichteten Männer. Diese war 1990 ein Geschenk an Marion Gräfin Dönhoff.

Heutige Nutzung

Da Schloss Crottorf Wohnsitz des Unternehmers Hermann Graf Hatzfeldt-Wildenburg-Dönhoff ist, steht es für Besichtigungen nicht offen. Allein die Innenhöfe der Anlage und eben der Park sind zugänglich.

Außerhalb der Mauern schafft die Natur ihre eigenen Kunstwerke.

1 Basilika Sankt Gertrud

(9 km von Wasserschloss Crottorf)

Die katholische Pfarrkirche, die **Basilika Sankt Gertrud,** thront über dem hoch gelegenen **Fachwerkviertel** im Herzen der Gemeinde Morsbach. Die Gassen sind schmal, alte Flurbezeichnungen deuten darauf hin, dass dort einmal eine Burg gestanden haben könnte. Die Basilika wurde in den Jahren von 1150 bis 1250 errichtet, der **dreischiffige Bau** hat sowohl romanische als auch gotische Züge und soll mit seiner Form an die Arche Noah erinnern. Der **Turm** ist fast 31 Meter hoch und diente wohl auch als **Wehrturm** dem Schutz der ersten Christen. Das Gotteshaus ist eine der **Bunten Kirchen,** die im Oberbergischen oft zu sehen sind, so auch in Nümbrecht-Marienberghausen, Bergneustadt-Wiedenest und Gummersbach-Lieberhausen. Aus der Mitte des 13. Jahrhunderts stammen etwa die **Fresken im Chor und in der Apsis der Basilika.** Sie wurden in den nassen Putz gemalt (Kalksecco-Mischtechnik) und sind heute nicht mehr im Ganzen erkennbar. Entdeckt worden waren diese Kunstwerke, nachdem in der Silvesternacht 1953/54 eine Weihnachtskrippe in Flammen aufgegangen war. Weitere Kunstschätze sind die **bemalte Holzdecke** von 1870 oder der **auf Holztafeln gemalte Kreuzweg** eines unbekannten Künstlers von 1820, der auf dem fünften Bild kurioserweise den französischen Kaiser und Feldherrn Napoleon in der Gestalt des Simon von Cyrene zeigt. Zu sehen sind weiterhin Arbeiten des von den Nationalsozialisten ermordeten Kirchenmalers **Fritz Wingen** (1889–1944) aus dem Jahr 1923,

Die Basilika Sankt Gertrud

Kunst + Kultur

Basilika Sankt Gertrud
Heinrich-Halberstadt-Weg 9,
51597 Morsbach,
Tel. (0 22 94) 2 38 (auch für Führungen), tägl. geöffnet,
Eintritt frei
➤ **www.begegnung-im-netz.de**

Essen + Trinken

Wirtshaus Zur Republik
Kirchstraße 13, 51597 Morsbach,
Tel. (0 22 94) 3 25, Di.–Fr. 11–14 und 17–22, Sa./So. 11–22 Uhr

der im nahen Holpe geboren wurde: Weil seine Darstellungen von Adam und Eva den Gläubigen damals zu freizügig waren, wurden sie von Kirchgängern mit schwarzer Schuhcreme „nachbearbeitet".

2 Aussichtsturm Hohe Hardt

(11,2 km von Schloss Crottorf)

Info

Aussichtsturm Hohe Hardt

Zum Aussichtsturm, 51597 Morsbach, jederzeit geöffnet, Eintritt frei

➤ **www.morsbach.de**

Zur Zugspitze sind es 448 Kilometer, nach London 540 Kilometer und Brüssel ist 235 Kilometer weit weg. Wer die **168 Stufen** des insgesamt **45 Meter hohen Aussichtsturmes auf der Hohen Hardt** überwunden hat, blickt aber erst mal auf die Gemeinde Morsbach, die Basilika Sankt Gertrud und weithin in das Bergische Land. Am 21. Dezember 1962 wurde der Stahlkoloss eingeweiht und lädt seither dazu ein, auf der **Aussichtsplattform in 30 Metern Höhe** den Blick schweifen zu lassen. Das erfordert jedoch etwas Mut: Bei Wind pfeift's da oben ordentlich, auch ist ein leichtes Schwanken zu spüren.

Blick auf die Dörfer von Morsbach

24 Burg Windeck

Adresse
Burg Windeck
Im Thal Windeck/An der Burgruine,
51570 Windeck,
jederzeit geöffnet, kein Eintritt
➤ **www.windeck-bewegt.de**

Anfahrt PKW
A 3 bis AS 30a Rösrath, dort auf B 507 in Richtung Ruppichteroth und bis Ruppichteroth folgen, links abbiegen auf B 478 (Bröltalstraße) in Richtung Windeck, in Windeck auf die K 55, nach etwa 1 Kilometer links abbiegen in die Hoppengartener Straße, nach etwa 800 Metern links in die Elisentalstraße, geradeaus zur Pulvermühle und auf Straße Im Thal Windeck, dann rechts abbiegen auf Straße An der Burgruine, bis zum Ende fahren;
kleiner Parkplatz vor dem Gelände (GPS 50.813722, 7.579008)

Anfahrt ÖPNV
Zum Beispiel ab Köln Hbf. mit der Regionalbahn in Richtung Siegen oder S-Bahn 12 in Richtung Au/Sieg bis Windeck-Schladern, dann Bus 579 in Richtung Eitorf Bf. bis Im Dall, von dort aus etwa 10 Minuten Fußweg

Außerdem sehenswert:

① Naturerlebnispark Panarbora S. 182 ② Grube Silberhardt S. 183

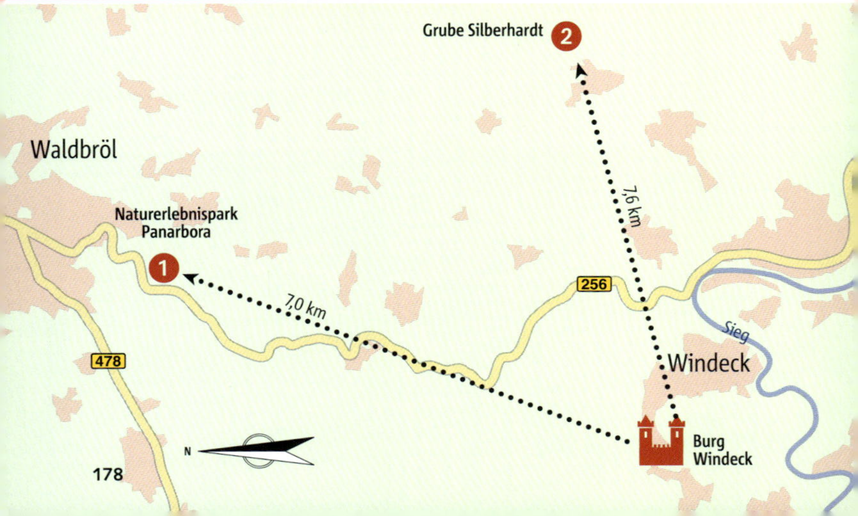

Der einst mächtige Bergfried

Kanonenkugeln im Mauerwerk

Eine Wiedererrichtete Wand des Palas

Spektakuläre Kulisse für Theaterstücke

Burg Windeck

Geschichte

Die Landgrafen von Thüringen und insbesondere Graf Heinrich Raspe III. gelten als die Gründer der Burg Windeck, die 1174 ihre erste Erwähnung fand, als sie am 24. Februar Graf Engelbert I. von Berg als Lehen überlassen und damit die südlichste Befestigung der Grafschaft Berg wurde.

In den Jahren des Dreißigjährigen Kriegs wurde sie immer wieder erobert und besetzt, zuletzt wurden die Wehrvorrichtungen geschleift. Französische Truppen waren es dann, die 1672 Burg Windeck den Todesstoß zufügten und die Anlage dem Erdboden gleichmachten. Danach wurde die Burg Denklingen Residenz des Amtmanns. ◂ S. 166

Bis das Großherzogtum Berg 1815 infolge des Wiener Kongresses aufgelöst wurde, erlebte die Ruine, die bis 1852 als Steinbruch genutzt wurde, einen Besitzerwechsel nach dem anderen. Bekannte Namen in diesem Reigen sind etwa von Nesselrode und von Seelbach.

1852 kaufte schließlich Oskar Danzier, Landrat des damaligen Kreises Waldbröl, den Windecker Schlossberg und ließ darauf ein Landhaus, das Schloss Windeck, errichten. Dieses aber wurde 1945 zerstört und 1962 dann abgebrochen. Die Steine fanden beim Wiederaufbau einer Palasmauer erneute Verwendung. 1987 wurde die Anlage Besitztum des Rhein-Sieg-Kreises.

Anlage

Die Ruine ist gut und sicher begehbar. Der Zugang erfolgt durch die Vorburg. Und diese zeigt bereits deutlich, wie mächtig die Anlage einst gewesen sein muss. Dann geht es an den Resten der Kapelle und einer Amtsstube vorbei hinauf zum Bergfried. Zu den herausragenden Resten gehören Teile dieses massiven Bergfrieds und eine wiederaufgerichtete Wand des Palas'. Weiterhin zu sehen sind Mauerstücke eines Treppen- und eines Wohnturms mit Brunnen im Rücken des Bergfrieds, darunter erstreckt sich der frühere Zwinger. Unterwegs öffnen sich immer wieder Blicke in zerstörte Räume und Gewölbe sowie auf Relikte der Wehranlagen.

Heutige Nutzung

Die Burgruine dient heute nicht nur als Kulisse für Film- und Fernsehaufnahmen – zum Beispiel für die John-Sinclair-Inszenierung „Die Dämonenhochzeit" (1997) –, sondern auch als Schauplatz für Theaterstücke und Spielort von Festivalveranstaltungen. Zudem ist sie Wahrzeichen der Gemeinde Windeck. Bei wissenschaftlichen Untersuchungen fanden sich im Mauerwerk zwei Kanonenkugeln, die dort wahrscheinlich während eines Angriffs 1646 eingeschlagen waren. Die Kugeln sind heute Exponate im Heimatmuseum von Altwindeck, einem Museumsdorf.

Blick auf die Reste der massiven Wehranlagen

Aussichtsplattform in luftigen Höhen

Natur + Erlebnis

Naturerlebnispark Panarbora

Nutscheidstraße 1, 51545 Waldbröl, Tel. (0 22 91) 90 86 50, Di.–So., Apr.–Sept. 9.30–18, Okt.–März 10–16 Uhr, 9,90 €

› **www.panarbora.de**

Essen + Trinken

Zur Post

Rathausstraße 13, 51570 Windeck-Rosbach, Tel. (0 22 92) 51 51, Mi.–So. 11–14.30 und ab 17 Uhr

› **www.zur-post-windeck.de**

1 Naturerlebnispark Panarbora

(7 km von Burg Windeck)

23 Meter hoch, 1635 Meter lang ist der **Baumwipfelpfad aus Holz,** der vom **Naturerlebnispark Panarbora** in die Waldbröler **Nutscheid** führt und als der längste Wipfelpfad weltweit gilt. Ein 40 Meter hoher **Aussichtsturm** birgt den Zugang zu jenem luftigen Weg. Eröffnet wurde der 12 Hektar große und rund 14 Millionen Euro teure Naturerlebnispark im Herbst 2015, Betreiber ist das **Deutsche Jugendherbergswerk** (DJH). Wer also im „Globalen Dorf" – Afrika, Japan und Südamerika stehen zur Auswahl – oder in einem Baumhaus schlafen möchte, muss dafür im Besitz des DJH-Ausweises sein. Ein **Sinnesparcours,** ein **Höhlenlabyrinth,** ein **Heckenirrgarten** und ein **Abenteuerspielplatz** sind weitere Attraktionen auf dem Gelände. Von 1962 bis 1992 war dort eine **Bundeswehrkaserne** mit amerikanischem Nuklearwaffenkontingent. Mit einer Naturerlebnisakademie und einem Informationsportal verfolgt Panarbora zudem einen Bildungsauftrag im Natur- und Umweltschutz. Erste Pläne, das Gelände auf dem **Nutscheid-Höhenzug** in einen Naturpark umzuwandeln, kursierten bereits seit Anfang der 2000er-Jahre. Die Nutscheid steht unter Naturschutz und ist Teil des größten zusammenhängenden Wald-

gebiets im Bergischen Land – und sie hat Geschichte: So führte etwa ein Handelsweg von Köln über Siegburg hinein ins Siegerland durch dieses Gebiet.

2 Grube Silberhardt

(7,6 km von Burg Windeck)

Natürlich wollen die Kinder wissen, was ein Bergmann tat, wenn er ein dringendes Bedürfnis hatte. Und natürlich gibt es auch auf diese Frage während der 45-minütigen Tour unter Tage von Führer **Eberhard Baumgart** eine ausführliche Antwort. Seit 1999 ist die 1936 stillgelegte **Grube Silberhardt** ein **Besucherbergwerk** mit einer Strecke von etwa 270 Metern. Doch wirkt alles so, als kämen die Steiger und die Kumpel, viele davon waren übrigens Kinder, gleich zurück und machten sich wieder an die harte, gefährliche Arbeit. Vor allem **Erz,** aber auch **Silber, Blei, Zink und Kupfer** wurden abgebaut, und das bei 130 Metern am tiefsten Punkt unter der Erde. Die Ursprünge des Abbaus liegen indes schon im 13. Jahrhundert. Wer die Grube heute betritt, sollte festes Schuhwerk und Kleidung tragen, die schmutzig werden darf. Vor Beginn der Führung werden die Schaulustigen von Baumgart und seinen Kollegen mit Schutzhelmen und blauen Umhängen ausgestattet. Egon, die 4,2 Tonnen schwere Grubenlok, rollt heute auch wieder. Außerhalb des Geländes zeigt ein 1,7 Kilometer langer **Rundwanderweg** die Geschichte des Bergbaus und der Metallgewinnung im Windecker Ländchen.

Natur + Erlebnis
Grube Silberhardt
Eisenbergstraße 29,
51570 Windeck-Öttershagen,
Tel. (0 22 92) 92 88 87,
Sa. 11–17, So. 10–17 Uhr, für Gruppen Mo.–Fr. 11–14 Uhr,
5,50 € ➤ **www.grube-silberhardt.de**

Zutritt nur mit Helm!

25 Burg Blankenberg

Adresse
Burgruine Blankenberg
Burg, 53773 Hennef,
Tel. (0 22 42) 1 94 33,
Apr.–Sept. Di.–So. 10–18 Uhr,
Eintritt frei
➤ **www.stadt-blankenberg.de**
➤ **www.hennef.de**

Anfahrt PKW
A3 bis AS 32 Kreuz Bonn/Siegburg in Richtung Hennef abfahren, A 560 in Richtung Hennef bis Autobahnende, an der Ampel links einordnen und das Industriegebiet Hossenberg durchfahren, danach in Richtung Eitorf bis Stadt Blankenberg fahren und dort außerhalb der Stadtmauern oder Steiner Mühle parken, Fußweg zur Burg etwa 5 Minuten; Parkplatz Steiner Mühle (GPS 50.763718, 7.361821)

Anfahrt ÖPNV
Zum Beispiel ab Köln Hbf. mit S-Bahn 12 in Richtung Au/Sieg bis Blankenberg, von dort aus teilweise steiler Aufstieg nach Stadt Blankenberg

Essen + Trinken
Gastronomie in Stadt Blankenberg zahlreich vorhanden

Außerdem sehenswert:

1 Kirche Zur schmerzhaften Mutter S. 190
2 Schloss Merten S. 191

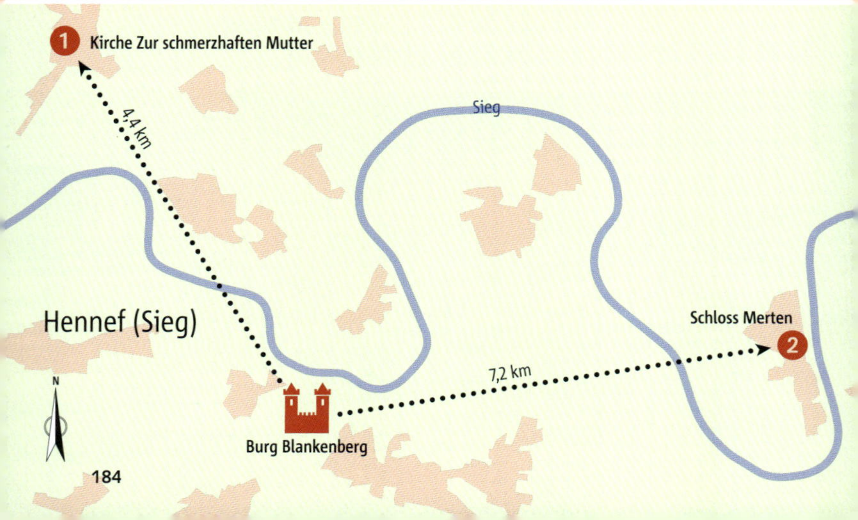

Ein Zentrum höfischer Geselligkeit

Zugang zur Stadt: Der Katharinenturm

Linker Hand die Ruine der Burg Blankenberg, zur Rechten der Ort Stadt Blankenberg

Burg Blankenberg

Geschichte

Die Geschichte von Stadt Blankenberg beginnt in der zweiten Hälfte des 12. Jahrhunderts. In jene Zeit fällt auch die erste urkundliche Erwähnung einer Burg, datiert wird das Schriftstück in das Jahr 1181. Allerdings ist davon auszugehen, dass diese Festung damals bereits gestanden hat, wie die durch den Kölner Erzbischof Philipp von Heinsberg (1130–1191) ausgestellte Urkunde belegt. Die Entstehung der Burg wird meist auf die Zeit 1150 und 1180 geschätzt. Gründer waren die Grafen von Sayn, die sich damit eine zweite Residenz in ihrem weitreichenden Herrschaftsbereich schufen, noch bevor die Herrschaft Homburg in ihren Besitz gelangte und sie sich auch im heutigen Nümbrecht ein Quartier errichteten. Der Name „Blankenberg" wird gemeinhin auf einen blanken, also unbewaldeten Bergsporn zurückgeführt.

Im Schutz der Burg gedieh der Ort Blankenberg, der 1245 durch Graf Heinrich III. von Sayn (1202–1246) und seine Gemahlin Mechthild zur Stadt erhoben wurde, während sich die Burg zu einem Zentrum höfisch-geselligen Lebens entwickeln konnte. So pries der Minnesänger Reinmar von Zweter (um 1200 – nach 1248) überschwänglich die Freigebigkeit des Grafen, dessen Fähigkeiten und Tugend. Diese städtische Selbstständigkeit

Tipps + Termine

Am 1. Mai steigt auf der Burgwiese die **Burgparty mit dem Krönungsfest des Junggesellenvereins „Alte Burg"**. Ein großes Ereignis ist dort, jeweils am zweiten Sonntag im September, der **Kunst- und Flohmarkt.** Mitte November findet zudem die dreitägige **Katharinenkirmes mit einem mittelalterlichen Markt** statt, bei dem sich nicht nur altes Handwerk erleben lässt, sondern raues Leben pur. Alle zwei Jahre gibt es zudem im Spätsommer ein Weinfest, jährlich findet in dieser Zeit zudem eine **Ausstellung von Skulpturen** auf der Burganlage statt.

sollte bis 1805 währen. Die heute noch existierende Katharinenkapelle wurde 1248 Pfarrkirche der Stadt. Nach dem Tod Heinrichs III., mit dem eine alte Stammlinie des Sayn'schen Geschlechts ihr Ende fand, verlor Blankenberg schnell an Bedeutung – trotz der strategisch günstigen Berglage, mehr als 150 Meter oberhalb des Siegtals. Burg und Stadt erlebten danach mehrere Herrschaftswechsel, bis beides 1363 im Herzogtum Berg aufging, zunächst als Pfand, 1469 aber als ständiger Besitz und schließlich als größter Amtsbezirk.

Tiefe Spuren an Burg und Stadt hinterließ dann der Dreißigjährige Krieg. Zunächst nur beschädigt, dann aber 1669 von schwedischen Belagerern für einige Jahre eingenommen und zuletzt geschleift, verkam die Festungsanlage zur Ruine und diente den Menschen als Vorrat für günstiges Baumaterial. 1829 kaufte der Major Friedrich Wilhelm von Delitz, der einem Adelsgeschlecht aus dem Saale-Kreis entstammte, den Burgberg Blankenberg mitsamt der Ruine und einem Teil der Altstadt, um dort ein Weingut aufzubauen. 1913 wurde das Gelände an den Kölner Industriellen Richard Grüneberg (1862–1926) verkauft. Dieser war Geschäftsführer der Chemischen Fabrik im Stadtviertel Kalk und besaß im Rheinland etliche Industrieflächen und andere Grundstücke.

1960 wurde die Burganlage erstmals restauriert, seit 1994 ist sie Besitz der

Der Alchimist Malus Sinistrius: Gegenspieler bei einer Kinderrallye

Stadt Hennef. Den Namenszusatz Stadt darf Blankenberg seit dem Jahr 1954 wieder führen.

Anlage

Die Festungsanlage ist rund 3500 Quadratmeter groß und gut begehbar. Insgesamt umschließen die Festungsmauern aber eine Fläche von fast 5,2 Hektar. Einst standen dort insgesamt vier Türme. Besucher betreten die Ruine heute durch die frühere Vorburg und gehen dann am Pfortenhaus vorbei. Dahinter liegen die Reste des Palas' und einer Burgkapelle, auch erhebt sich dort ein runder Bergfried, der allerdings nicht begehbar ist. An der Spitze der Anlage steht schließlich der bullige Bastionsturm, der im 15. Jahrhundert der Anlage hinzugefügt worden war. Er ist für Besucher geöffnet und von der Spitze reicht der Blick hinunter auf die Fischteiche im Ahrenbachtal und weit hinein ins Siegtal, bis zur Abtei auf dem Siegburger Mi-

Blick ins Siegtal

chaelsberg, zum Siebengebirge und bis zum Westerwald. Darunter erstreckt sich ein Garten mit Küchen-, Heil- und Hexenkräutern, den der Freundeskreis Burggarten Blankenberg seit 2006 hütet. Gegenüber der Ruine birgt der Katharinenturm mit dem Eitorfer Tor den Zugang zur Altstadt, zu Stadt Blankenberg, den schmalen Gassen und den vielen Fachwerkhäusern. Seit 1992 steht Stadt Blankenberg unter Denkmalschutz.

Heutige Nutzung

Die Burgruine und der Fachwerkort Stadt Blankenberg sind ein beliebtes Ausflugsziel. Im Katharinenturm untergebracht ist ein Heimatmuseum. Besonders zu empfehlen sind die szenischen Rundgänge, die von der Hennefer Touristeninformation angeboten werden. Ein tolles Erlebnis sind die Nachtwächterführungen.

1 Kirche Zur schmerzhaften Mutter

(4,4 km von Stadt Blankenberg)

Der Hennefer Stadtteil und **Wallfahrtsort Bödingen** ist ein großer Teil der historischen Kulturlandschaft rund um die Kleinstadt, zu der auch Burg und Stadt Blankenberg gehören. Er liegt in der S. 182 ▸ **Nutscheid** (Panarbora). Die Geschichte des Ortes reicht ebenfalls ins Mittelalter: In der zweiten Hälfte des 14. Jahrhunderts ließ der Einsiedler **Christian von Lauthausen** in Köln ein Marienbild, die **Mater Dolorosa,** anfertigen und aufstellen, nachdem ihm die Muttergottes erschienen war. Dies führte dazu, dass die Pilger in Scharen durch den kleinen Ort strömten, der auf Betreiben des **Pfarrers Peter Meisenbach** eine Wallfahrtskirche erhalten sollte. Deren Bau begann 1397 im Stil einer **gotischen Pfeilerbasilika** und bis heute ist dort jenes angeblich wundertätige Marienbild zu sehen. Geweiht wurde das Gotteshaus mit dem fast 44 Meter hohen **Glockenturm** nach seiner Vollendung im Jahr 1408. 1424 erfolgte die Gründung des benachbarten Klosters. Das heutige Aussehen verdankt die Kirche ihren Erweiterungen von 1440 und 1500.

Am vierten Freitag nach dem Osterfest tragen die Gläubigen seit dem Jahr 1423 das Bild durch den Ort. Bödingen gilt als einziger

Torbogen der Wallfahrtskirche

Kunst + Kultur

Wallfahrtskirche Zur schmerzhaften Mutter
An der Klostermauer 14, 53773 Hennef, Tel. (0 22 42) 25 50, tägl. geöffnet, Eintritt frei

Essen + Trinken

Mühle zu Blankenberg
Am Burghart 10/Steiner Mühle, 53773 Hennef,
Tel. (0 22 42) 9 69 71 11,
Di.–Fr. 17.30–23, Sa. 16–23,
So. 11.30–23 Uhr
➤ **www.muehlezublankenberg.de**

Ort in Deutschland, in dem das sogenannte **Kompassionsfest** zur Erinnerung an das Leiden Mariens noch heute begangen wird.

2 Schloss Merten

(7,2 km von Stadt Blankenberg)

Schloss Merten ist eigentlich ein **Kloster,** das um 1160 wohl als Stiftung der **Gräfin Mechthild von Sayn** (um 1203–1291), der Gemahlin **Heinrichs III. von Sayn,** erbaut wurde. Es steht der 1247 erstmals urkundlich erwähnten **Burg Merten** gegenüber, die allerdings nicht für Besucher geöffnet ist. Schloss Merten, das **heute ein Wohn- und Pflegeheim für Senioren** ebenso beherbergt wie das **Café und Restaurant „Orangerie",** die **Klosterkirche Sankt Agnes** und seine sehenswert gestaltete, 18.000 Quadratmeter **große Gartenanlage mit vielen Brunnen** sind dagegen geöffnet. Die Bezeichnung als Schloss kam mit dem Besitzerwechsel von 1870 auf: Die **Familie von Hatzfeld-Trachenberg** kaufte das Gelände als Sommerfrische. 1909 war es dann **Graf Felix Droste zu Vischering von Nesselrode-Reichenstein,** der sowohl das einstige Kloster als auch die benachbarte Burg erwarb. Auf dem Klostergelände ließ er die neobarocke Orangerie erbauen. Im Zweiten Weltkrieg brannte die Anlage, auf der ein großer Teil der **erzbischöflichen Bibliothek** untergebracht und das Eigentum des Rennfahrers **Wolfgang Graf Berghe von Trips** eingelagert worden waren, nach einem Beschuss völlig aus. 1955 wurde das Schloss unter der Ägide eines katholischen Kuratoriums wiederaufgebaut und 1991 in die Hände einer privaten Gesellschaft gegeben.

Die Klosterkirche von Schloss Merten

Info

Schloss Merten
Schloßstraße 14, 53783 Eitorf,
Gartenanlage zu besichtigen
➤ **www.happacher-hof.de/s_merten.html**

Konzeption/Gestaltung/Satz: Droste Verlag
Karten: Thorsten David, Bochum
Druck und Bindung: Werbedruck GmbH Horst Schreckhase, Spangenberg

Fotos: Jens Höhner, außer:
Seite 15: Stephan Sensen/Märkischer Kreis (oben),
Klaus Sauerland/Märkischer Kreis (unten)
Seite 46: Stadt Solingen/Nutzungsnummer 2015-2098
Seite 60: Hans Blossey/Stadt Meinerzhagen
Seite 72: Attendorner Tropfsteinhöhle
Seite 73: Elspe-Festival
Autorenfoto: Kirsten Stutzke (www.kirsten-stutzke.de)

Motiv Titel: Schloss Georghausen, Lindlar
Bildleiste (v.l.n.r.): Burg Overbach (Much),
Ruine Eibach (Lindlar),
Schloss Lüntenbeck (Wuppertal)
Motive Innenteil: Waffenkammer auf Schloss Homburg, Nümbrecht
S. 5: Wasserschloss Crottorf, Friesenhagen
S. 6: Schloss Gimborn, Marienheide

(Alle Abweichungen, die nach Redaktionsschluss erfolgten, konnten im Buch nicht mehr berücksichtigt werden. Hinweise und Änderungen nehmen wir gern entgegen.)

ISBN 978-3-7700-1563-4
www.drosteverlag.de
www.facebook.com/DrosteVerlag